Fischer TaschenBibliothek

»Hilde Domin redet sowohl über brennende Nächte wie über Rosen. Die Exilantin, die die Gegenstände der eingerichteten Welt hinter sich gelassen hat, richtet sich ein im Bereich der Phantasie.« Ruth Klüger

Hilde Domin gehört zusammen mit Rose Ausländer und Nelly Sachs zu den bedeutendsten Lyrikerinnen der Nachkriegszeit. Von den Nationalsozialisten ins Exil gezwungen, fand sie ihre Heimat im Wort. Ihre Lyrik spricht vom widerständigen Mut zur Erneuerung des Verlorenen.
Erstmals werden mit diesem Band alle Gedichte Hilde Domins in der Chronologie der Einzelausgaben vorgelegt; ergänzt um verstreut publizierte und Gedichte aus dem Nachlass. Ein editorischer Anhang und ein Nachwort von Ruth Klüger komplettieren diese Neuausgabe.

Hilde Domin, 1909 in Köln geboren, studierte Jura, Philosophie und Nationalökonomie. Ihre Studien beendete sie in Florenz. Mit Hitlers Machtergreifung brach die Zeit des Exils an, die Hilde Domin gemeinsam mit ihrem Mann zunächst in England, dann in der Karibik, in Santo Domingo, verbrachte. Nach 22jährigem Exil kehrten sie nach Deutschland zurück. Hilde Domin lebte bis zu ihrem Tod im Februar 2006 in Heidelberg. Als eine der bedeutendsten Lyrikerinnen der Nachkriegszeit erhielt sie zahlreiche Literaturpreise und Auszeichnungen, u. a. 1999 den Jakob Wassermann-Preis der Stadt Fürth und 2005 die höchste Auszeichnung der Dominikanischen Republik für ihr Lebenswerk.

Weitere Informationen finden Sie auf www.fischerverlage.de

Hilde Domin
Sämtliche Gedichte

Herausgegeben von Nikola Herweg
und Melanie Reinhold

Mit einem Nachwort von
Ruth Klüger

FISCHER TaschenBibliothek

Der Abdruck einzelner Gedichte im Manuskript
bzw. Typoskript aus dem Nachlaß von Hilde Domin
erfolgt mit freundlicher Genehmigung des
Deutschen Literaturarchivs Marbach

3. Auflage: April 2018

Erschienen bei FISCHER Taschenbuch
Frankfurt am Main, Juni 2015

Umschlaggestaltung und -abbildung:
Geviert – Büro für Kommunikationsdesign, München
Gesamtherstellung: CPI books GmbH, Leck
Printed in Germany
ISBN 978-3-596-52068-8

INHALT

Anhang

NUR EINE ROSE ALS STÜTZE

1959

Ich richte mir ein Zimmer ein in der Luft
unter den Akrobaten und Vögeln:
mein Bett auf dem Trapez des Gefühls
wie ein Nest im Wind
auf der äußersten Spitze des Zweigs.

Ich kaufe mir eine Decke aus der zartesten Wolle
der sanftgescheitelten Schafe,
die im Mondlicht
wie schimmernde Wolken
über die feste Erde ziehn.

Ich schließe die Augen und hülle mich ein
in das Fell der verläßlichen Tiere.
Ich will den Sand unter den kleinen Hufen spüren
und den sicheren Riegel hören
der die Stalltür am Abend schließt.

Aber ich liege in Vogelfedern ins Leere
hoch in Leere gewiegt.
Mir schwindelt. Ich schlafe nicht ein.
Und meine Hand greift
wie nach Halt in die Leere
nach einer Rose.

3. VI. 57

wie nach einem Halt
als schwebe ich im Leeren
als sei nur ein Halt
Ich greife
als sei ich im Halt
nach der Hand einer Rose.

AUFBRUCH OHNE GEWICHT

Dando voy pasos perdidos
por tierra, que todo es aire.
LOPE DE VEGA

I

ZIEHENDE LANDSCHAFT

Man muß weggehen können
und doch sein wie ein Baum:
als bliebe die Wurzel im Boden,
als zöge die Landschaft und wir ständen fest.
Man muß den Atem anhalten,
bis der Wind nachläßt
und die fremde Luft um uns zu kreisen beginnt,
bis das Spiel von Licht und Schatten,
von Grün und Blau,
die alten Muster zeigt
und wir zuhause sind,
wo es auch sei,
und niedersitzen können und uns anlehnen,
als sei es an das Grab
unserer Mutter.

APFELBAUM UND OLIVE

Ein Trost ist, zu wissen
wo die Tassen stehn und die Teller
in dem Haus, in dem du zu Gast bist,
und einen Anteil zu haben
an der Zärtlichkeit von Katze und Hund
deines Freunds,
und die Tücke des Fahrrads zu kennen

als sei es dein eignes,
auf dem du mit der verblichenen Tasche
in das fremde Dorf fahren darfst,
und die Milch auf dem Weg zu verschütten
als habest du selbst
den Deckel der alten Kanne
vor Jahren
auf diesem Wege verloren.
Du gehst durch das Gartentor
und machst es hinter dir zu,
als stehe die Bank
für dich vor dem Haus,
und siehst die andern draußen vorbeigehn,
du,
der Wandrer
von Tag zu Tag
und von Land zu Land,
an dem das Wort
von der Flüchtigkeit
allen Hierseins
Fleisch ward.
Du, den jede Wand
aufgibt,
und den es oft nach des Zirkuskinds
fahrbarer Höhle verlangt.

Zwar, der Apfelbaum und die Olive
sind überall dein,
und in fernen Ländern
schiebt man dir einen Stuhl an den Tisch
an der Seite der Hausfrau,
und jedes gibt dir von seinem Teller
wenn die Schüssel schon leer ist,

als habe ein Kind sich verspätet,
nicht als kämest du eben vom Flugplatz.
Und die dunkeln Mangobäume
und die Kastanien
wachsen Seite bei Seite
in deinem Herzen.

Du weißt, wie die hohen Gräser
an den Rändern der Inseln rascheln
in allen südlichen Meeren,
wie staubig die Kaktuswege sind,
und du gehst durch die schaumigen Wiesen und kennst
ihren bunten Kalender.
Du spielst mit dem Wind
und bläst die hellen Kugeln
des Löwenzahns in die Luft
und siehst dem Schweben
der kleinen weißen Schirme mit zu
– so leicht, so widerstandslos vor dem Wehn
wie du selbst.
Irgendwo
dürfen sie landen.

Dann fährst du die Straße hinab
als glittest du auf einem Schlitten
an den Pappeln vorbei
in die Abendsonne.
Ein Reh tritt aus dem Wald,
und eine kleine Kirche auf einem Hügel
mit einem einsamen Kirchhof
winkt dir zu.
Du wägst ihren Gruß
wie eine Einladung,
die man eines Tages

– noch ungewiß, wann –
vielleicht gerne
annehmen möchte.

Und daran erkennst du,
daß du
hier ein wenig mehr
als an andern Stätten
zuhaus bist.

HERBSTZEITLOSEN

Für uns, denen der Pfosten der Tür verbrannt ist,
an dem die Jahre der Kindheit
Zentimeter für Zentimeter
eingetragen waren.

Die wir keinen Baum
in unseren Garten pflanzten,
um den Stuhl
in seinen wachsenden Schatten zu stellen.

Die wir am Hügel niedersitzen,
als seien wir zu Hirten bestellt
der Wolkenschafe, die auf der blauen
Weide über den Ulmen dahinziehn.

Für uns, die stets unterwegs sind
– lebenslängliche Reise,
wie zwischen Planeten –
nach einem neuen Beginn.

Für uns
stehen die Herbstzeitlosen auf
in den braunen Wiesen des Sommers,
und der Wald füllt sich
mit Brombeeren und Hagebutten –

Damit wir in den Spiegel sehen
und es lernen
unser Gesicht zu lesen,
in dem die Ankunft
sich langsam entblößt.

GLEICHGEWICHT

Wir gehen
jeder für sich
den schmalen Weg
über den Köpfen der Toten
– fast ohne Angst –
im Takt unsres Herzens,
als seien wir beschützt,
solange die Liebe
nicht aussetzt.

So gehen wir
zwischen Schmetterlingen und Vögeln
in staunendem Gleichgewicht
zu einem Morgen von Baumwipfeln
– grün, gold und blau –
und zu dem Erwachen
der geliebten Augen.

RÜCKZUG

Meine Rechte (wer glaubt es ihr heut?)
war einstmals eine offene Rose
voller Schmetterlinge.
Plötzlich, fast ohne Vorbereitung,
wie einer gestoßen wird und fällt,
hat sie ihre Blätter verloren
und war blaß und nackt:
eine Menschenhand
wie alle andern.
Du erinnerst dich.
Die Schale meiner Linken,
die deine Vögel tränkte,
zerbrach.
Du weißt, wie lange die Scherben
in unserem Garten lagen.
Es ist wahr, ich konnte mich damals
in eine Wand von blühendem Wein verwandeln
für deine Bienen.
Die Jahreszeit war
kaum von Bedeutung –
vor diesem Tag,
an dem ich meine Hände
auf den Tisch legte,
und sie leer waren.

Seither bin ich bescheiden geworden,
ich gehe mit einem Netz auf den Markt,
wo gewogen und abgeschnitten wird,
und habe dir Tassen und Teller gekauft
wie eine richtige Hausfrau.

Aber wenn du weinst
und dich hilflos
im Schlafe beklagst,
dann wachsen meinem Herzen
kleine schmerzende Flügel,
und ich fühle seine Ungeduld
in meinem Hals,
daß mir der Atem vergeht.

II

Für E.

WO STEHT UNSER MANDELBAUM

Ich liege
in deinen Armen, Liebster,
wie der Mandelkern in der Mandel.
Sag mir: wo steht
unser Mandelbaum?

Ich liege in deinen Armen
wie in einem Schiff,
ohne Route noch Hafen,
aber mit Delphinen am Bug.

Unter unserem Rücken
ein Band von Betten,
unsere Betten in den vielen Ländern,
im Nirgendwo der Nacht,
wenn rings ein fremdes Zimmer versinkt.

Wohin wir kamen
– wohin wir kommen, Liebster,
alles ist anders,
alles ist gleich.

Überall wird das Heu
auf andere Weise geschichtet
zum Trocknen
unter der gleichen
Sonne.

AUFBRUCH OHNE GEWICHT

Weiße Gardinen, leuchtende Segel
an meinem Fenster
am Hudson,
im zehnten Stock des Hotels
hell in die Sonne gebläht und knatternd im Meerwind.

Versprechen, Ausfahrt
nachhause,
zum Stelldichein mit mir selbst.
Aufbruch ohne Gewicht,
wenn das Herz den Körper verbrannt hat.

Segel so möwenleicht
über das offene Blau.
Das Zimmer ist unterwegs.
Aber das Meer
ist abgesteckt wie ein Acker.

BAU MIR EIN HAUS

Der Wind kommt.

Der Wind, der die Blumen kämmt
und die Blüten zu Schmetterlingen macht,
der Tauben steigen läßt aus altem Papier
in den Schluchten Manhattans
himmelwärts, bis in den zehnten Stock,
und die Zugvögel an den Türmen
der Wolkenkratzer zerschellt.

Der Wind kommt, der salzige Wind,
der uns übers Meer treibt
und uns an einen Strand wirft
wie Quallen,
die wieder hinausgeschwemmt werden.
Der Wind kommt.
Halte mich fest.

*

Ach, mein heller Körper aus Sand,
nach dem ewigen Bilde geformt, nur
aus Sand.
Der Wind kommt
und nimmt einen Finger mit,
das Wasser kommt
und macht Rillen auf mir.
Aber der Wind
legt das Herz frei
– den zwitschernden roten Vogel
hinter den Rippen –
und brennt mir die Herzhaut
mit seinem Salpeteratem.
Ach, mein Körper aus Sand!
Halte mich fest,
halte
meinen Körper aus Sand.

*

Laß uns landeinwärts gehn,
wo die kleinen Kräuter die Erde verankern.
Ich will einen festen Boden,
grün, aus Wurzeln geknotet
wie eine Matte.

Zersäge den Baum,
nimm Steine
und bau mir ein Haus.

Ein kleines Haus
mit einer weißen Wand
für die Abendsonne
und einem Brunnen für den Mond
zum Spiegeln,
damit er sich nicht,
wie auf dem Meere,
verliert.
Ein Haus
neben einem Apfelbaum
oder einem Ölbaum,
an dem der Wind
vorbeigeht
wie ein Jäger, dessen Jagd
uns
nicht gilt.

WIE WENIG NÜTZE ICH BIN

Wie wenig nütze ich bin,
ich hebe den Finger und hinterlasse
nicht den kleinsten Strich
in der Luft.

Die Zeit verwischt mein Gesicht,
sie hat schon begonnen.
Hinter meinen Schritten im Staub
wäscht Regen die Straße blank
wie eine Hausfrau.

Ich war hier.
Ich gehe vorüber
ohne Spur.
Die Ulmen am Weg
winken mir zu wie ich komme,
grün blau goldener Gruß,
und vergessen mich,
eh ich vorbei bin.

Ich gehe vorüber –
aber ich lasse vielleicht
den kleinen Ton meiner Stimme,
mein Lachen und meine Tränen
und auch den Gruß der Bäume im Abend
auf einem Stückchen Papier.

Und im Vorbeigehn,
ganz absichtslos,
zünde ich die ein oder andere
Laterne an
in den Herzen am Wegrand.

VORSICHTIGE HOFFNUNG

Weiße Tauben
im Blau
verbrannter Fensterhöhlen,
werden die Kriege für euch geführt?

Weiße Taubenschnur
durch die leeren Fenster
über die Breitengrade hinweg.

Wie Rosensträucher auf Gräbern
achtlos nehmt ihr das Unsre.
Auf den mit Tränen gewaschenen Stein
setzt ihr das kleine Nest.

Wir bauen neue Häuser,
Tauben,
die Schnäbel der Krane ragen
über unseren Städten,
eiserne Störche, die Nester für Menschen richten.
Wir bauen Häuser
mit Wänden aus Zement und Glas
an denen euer rosa Fuß
nicht haftet.
Wir räumen die Ruinen ab
und vergessen die äußerste Stunde
im toten Auge der Uhr.
Tauben, wir bauen für euch:
ihr werdet
in den glatten Wänden nisten,
ihr werdet
durch unsere Fenster fliegen
ins Blau.

Und vielleicht sind dann ein paar Kinder da
– und das wäre sehr viel –,
die unter euch
in den Ruinen
unserer neuen Häuser,
der Häuser, die wir mit den hohen Kranen
den Tag und die Nacht durch bauen,
Verstecken spielen.

Und das wäre sehr viel.

ABSCHIED AUS ANDALUSIEN

Für Bernabé und Quinín

Der Ginster stand voll silberner Schoten,
der Lavendel war abgeblüht,
und die Bauern ritten auf kleinen Eseln
hinauf, in ihre weißen Dörfer.
Mit schweren Eutern wurden die Ziegen
in die Gehöfte geführt.

Da stand ein Stein,
ein grauer Stein,
auf einem Hügel im Feld.
»Lieber Stein«, sagte ich,
»nimm mich an,
als seist du ein kleiner niedriger Stuhl
vor einem Herdfeuer
an dem ein Topf Milch steht.
Bei dir will ich bleiben.

Ich will auspacken,
und wie ein Kind
seine Taschen umdreht
und seine Murmeln
und einen zerdrückten Maikäfer
auf dem Boden ausbreitet,
will ich das Meine um dich legen.«

Und alle meine Gegenstände,
so viele unnütze Gegenstände,
lagen auf dem Feld
und warfen lange Schatten
in der Abendsonne.
Weiter unten am Weg

glühten drei rote Mohnblumen
bei einem Ölbaum.

Ich legte meinen Kopf
auf die Schreibmaschine
und sah in den Himmel,
und die eiligen Schwalben
wie Weberschiffchen
woben mir ein Dach,
ein durchsichtiges Dach
aus Bahnen von hellblauem Nichts
über meinem Kopf.

Aber wie die Nacht kam
mit ihrem Krötenorchester
– der Feigenbaum im Tal
war längst in grünen Halmen ertrunken –
gab mir der Stein
eine kleine gelbe Margerite
als Hausschlüssel.

Damit schloß ich den Hügel auf,
den nächsten
der vielen spitzen Hügel am Meer,
und ging hinein
und hatte eine Wohnung
bei den Wurzeln
der Blumen.

DIE HEILIGEN

Die Heiligen in den Kapellen
wollen begraben werden, ganz nackt,
in Särgen aus Kistenholz
und wo niemand sie findet:
in einem Weizenfeld
oder bei einem Apfelbaum
dem sie blühen helfen
als ein Krumen Erde.
Die reichen Gewänder, das Gold und die Perlen,
alle Geschenke der fordernden Geber,
lassen sie in den Sakristeien,
das Los, das verlieren wird, unter dem Sockel.
Sie wollen ihre Schädel und Finger einsammeln
und aus den Glaskästen nehmen
und sie von den Papierrosen ohne Herbst
und den gefaßten Steinen
zu den welken Blumenblättern bringen
und zu den Kieseln am Fluß.

Sie verstehen zu leiden,
das haben sie bewiesen.
Sie haben für einen Augenblick
ihr eigenes Schwergewicht überwunden.
Das Leid trieb sie hoch,
als ihr Herz den Körper verzehrte.
Sie stiegen wie Ballons, federleicht,
und lagen in der Schwebe auf ihrem wehen Atem
als sei er eine Pritsche.
Deshalb lächeln sie jetzt,
wenn sie an Feiertagen
auf schweren geschmückten Podesten

auf den Schultern von achtzig Gläubigen
(denen man das Brot zur Stärkung voranträgt)
in Baumhöhe durch die Straßen ziehn.

Doch sie sind müde
auf den Podesten zu stehn
und uns anzuhören.
Sie sind wund vom Willen zu helfen,
wund, Rammbock vor dem Beter zu sein,
der erschrickt
wenn das Gebet ihm gewährt wird,
weil Annehmen
so viel schwerer ist als Bitten
und weil jeder die Gabe nur sieht
die auf dem erwarteten Teller gereicht wird.
Weil jeder doch immer von Neuem
in den eigenen Schatten tritt,
der ihn schmerzt.
Sie sehen den unsichtbaren Kreis
um den Ziehbrunnen,
in dem wir uns drehn
wie in einem Gefängnis.
Jeder will den Quell
in dem eigenen Grundstück,
keiner mag in den Wald gehn.
Der Bruder wird nie
das Feuer wie Abel richten
und doch immer gekränkt sein.

Sie sehen uns wieder und wieder
aneinander vorbeigehn
die Minute versäumend.
Wir halten die Augen gesenkt.
Wir hören den Ruf,

aber wir heben sie nicht.
Erst danach.
Es macht müde zu sehn
wie wir uns umdrehn
und weinen.
Immer wieder
uns umdrehn und weinen.
Und die Bitten zu hören
um das gestern Gewährte.
Nachts wenn wir nicht schlafen können
in den Betten, in die wir uns legen.
Sie sind müde
Vikare des Unmöglichen auf Erden
zu sein, des gestern Möglichen.
Sie möchten Brennholz
in einem Herdfeuer sein
und die Milch der Kinder wärmen
wie der silberne Stamm einer Ulme.

Sie sind müde, aber sie bleiben,
der Kinder wegen.
Sie behalten den goldenen Reif auf dem Kopf,
den goldenen Reif,
der wichtiger ist als die Milch.
Denn wir essen Brot,
aber wir leben von Glanz.
Wenn die Lichter angehn
vor dem Gold,
zerlaufen die Herzen der Kinder
und beginnen zu leuchten
vor den Altären.
Und darum gehen sie nicht:
damit es eine Tür gibt,

eine schwere Tür
für Kinderhände,
hinter der das Wunder
angefaßt werden kann.

ICH LADE DICH EIN

Liebster, ich lade dich ein,
komm in das Haus unsrer Wünsche
und häng deinen Hut an die Wand,
den Hut mit dem kleinen Schußloch.
Denn ich habe das Haus
ganz nach deinem Befehle gebaut.
Es ist alles darin, was wir brauchen.
Der blaue Himmel der Tropen,
die leichte Luft von Madrid,
doch ohne den lästigen Wind, der
dir die Papiere zersaust.
Die Zimmer sind im gobelinweichen Grün
der Hänge von Heidelberg gestrichen.
Ich geb dir die alte Brücke als Bett
mit einer Kautschukmatratze darauf.
Es riecht nach den Glyzinien
der Via Monte Tarpeo,
Marc Aurel ist wieder unser Portier.
Des Abends vergoldet die Sonne den Tiber,
dann singt uns die Nachtigall am Palatin.
Danach gehen wir in die Kammerspiele,
in die Scala oder Old Vic,
oder sehn den großen Barrault,
ob Paris ihn gerade mag oder nicht.

Du hast immer Zeit,
und es fällt dir was ein, wenn du Zeit hast.
(Die Schreibmaschine kopiert von allein,
völlig geräuschlos, versteht sich.)
Und was du schreibst,
wird im ersten Monat gedruckt
und sofort darauf rezensiert
und gefällt dir und den andern, und das mit Recht,
denn es ist bahnbrechend, einfach und gut
und zur richtigen Stunde gesagt. –
Und für die Flauten schreibt Händel
dir neue Concerti Grossi,
weil du die alten schon kennst,
und der tote Busch dirigiert.
Dann ißt du gebratene Enten
und Frühlingssalat aus Florenz.
Wir spülen nie. Die Teller
werfen wir zum Fenster hinaus,
wie in Rom in der Neujahrsnacht.
Sei unbesorgt, sie fallen
niemand auf den Kopf,
denn unten ist keine Straße.
Deswegen ist's auch so ruhig,
und nichts stört deinen Schlaf
(und morgens bleibt dir nie
ein weißes Haar an der Bürste).
Dabei sind die Oper und das Kino
mit ausgewähltem Programm
gleich um die nächste Ecke,
und dort stehen auch die Museen.
Die frühen Kulturen sind gut vertreten,
die fernöstliche Sammlung ist exquisit,
und ein Wiener Café in der Nähe.

Dort sehen wir rasch die Zeitungen durch,
sie sind, wie immer,
empörend interessant,
nur ist alles viel weiter weg.
Wir lesen mit kopfschüttelndem Entsetzen,
wie die Schwalben vom Himmel fallen
nach den Atomexplosionen
auf einer anderen Erde.
Dann gehn wir nachhause, und du schläfst Siesta,
und für mich steht bei der Terrasse ein Baum
mit dem unentbehrlichen grünblauen Muster.
Wir arbeiten viel,
und wir lachen noch mehr,
und wir haben reizende Gäste
– wer käme nicht gern in das Haus? –
denen liest du in allen Sprachen,
am liebsten auf deutsch,
das Geschriebene vor.
Dann fahren wir zusammen zu Martha Graham
oder zum Negerballett von Port-au-Prince,
oder machen einen kurzen Mondscheinspaziergang
in den Löwenhof der Alhambra.
Der Briefträger, mein Herz, kommt pünktlich
zum Frühstück,
gleich nach dem blauweißen Gruß
der kleinen Möwen über der See,
und bringt Liebesbriefe von deinem Verleger
und Angebote von Stellen, die du nicht brauchst.
Denn du hast, was du wünschst,
und du tust, was du magst.
Und du tobst nur ganz selten,
damit ich behalte, wie gut du es kannst,
und bist viel geduldiger als sonst.

Liebster, nimm deinen Hut von der Wand,
den Hut mit dem kleinen Schußloch,
und geh auf ein Wohnungsbüro, ich bitt dich,
und sieh,
was sie uns anbieten können.
Sonst stürz ich mich noch aus dem Fenster
dieses Hauses, das es nicht gibt.

Und das Fenster, glaub mir, ist hoch.

III

SCHALE IM OFEN

Schale im Ofen,
du wirst gebrannt.
Tränenätzung,
Glasur aus Demut
über dem schüchternen
Schimmer von Lächeln.
So wirst du täglich
ein wenig versehrt,
bis Wunsch und Klage zerschmilzt
und ein Rosenblatt
oder ein Schmetterlingsflügel
fast gröbre Substanz sind.
Vergessene Schale,
auf der Hand, die dich hinhält,
faßt der Regenbogen
Fuß, so natürlich
wie der Anflug der Taube
auf Trafalgar Square.

MAKABRER WETTLAUF

Du sprachst vom Schiffe-Verbrennen
– da waren meine schon Asche –,
du träumtest vom Anker-Lichten
– da war ich auf hoher See –,

von Heimat im Neuen Land
– da war ich schon begraben
in der fremden Erde,
und ein Baum mit seltsamem Namen,
ein Baum wie alle Bäume,
wuchs aus mir,
wie aus allen Toten,
gleichgültig, wo.

FRAGE

Nach dem kleinen Zusammenstoß
– ein Druck der Lippe genügt –,
wenn ich eine Wolke werde
oder ein Schiff ohne Anker
auf deinem Meer
oder, ganz einfach,
eine andere Form
für dich,
was wird aus dir?
Und wie vermeidest du's,
am nächsten Morgen
ein wenig befangen zu sein?

VADEMECUM

Der Tote ist unser sichrer Verlaß.
Er sitzt in uns
in sich gerollt

wie ein geschmeidiges Knäuel
oder ein Embryo,
oder so wie ein kleines Tier,
das man in einer Büchse
mit Luftlöchern
in seine Tasche steckt,
nur viel bequemer.
Er verdrängt keinen Raum
und kostet keine Fahrkarte
und kein Extragepäck
in den transkontinentalen Flügen.
Er ist immer da.
Er beantwortet alle Fragen
und fragt nicht.
Er sieht uns an, wenn wir hinsehn,
und dreht sich um, wenn wir wegsehn,
er verlangt nichts,
er enttäuscht nicht,
und er beklagt sich kaum,
wenn wir ihn einen Tag
oder eine Woche vergessen.
Und wenn wir einsam sind
und ihn anstrahlen,
leuchtet er Wärme zurück
wie ein Radiator aus Nickel.
Der Tote lügt nicht
und wird nicht belogen
und nimmt nicht teil
an den Kompromissen.
Er ist nicht Verkäufer
noch Ware
in den Ausverkäufen der Angst.
Bist du die Hand,

bist du der Arm,
bist du das Herz
eines andern Lebenden,
stirb schnell.
Dem Toten ist Ganzheit erlaubt.
Beeile dich ein Toter zu sein,
dem Toten
wird das Versprechen gehalten.

ERSTE REIHE

Friedhöfe in der Landschaft,
wie Felder bestellt mit Blumen aus Stein,
endgültige Saat.

Spielzeugstädte von Toten,
erkennbar am deutlichen Plan,
hell den Reisenden ladend
am Fenster des Flugzeugs,
der betroffen den Fallschirm betastet,
als scheid er den Vogel vom Stein
beim Fall ohne Aufschub.

Mutter, du zärtlich im Sarg
mit dem roten Halstuch,
als lägest du in einem Boot
und könnest nicht ausfahrn
aus meinem Herzen.

Vater – und der ihn ersetzt,

ach, ihr verlaßt uns
mit hilfloser Geste,

euere Linie
bricht.
Wer sind wir,
um in der ersten Reihe zu stehn
und standzuhalten?
Und welche Zeichen halten wir hoch
für welches Gefolge?

ESKIMOVOGEL

Oft,
wenn ich einschlafe,
fühle ich unter mir
den schwankenden Abflug
des großen Eskimovogels,
der wie ein zögerndes Flugzeug
seinen Kurs sucht.

Ich liege auf seinem Rücken
zwischen den Flügeln,
aber du,
ein vielgestaltiges Tier,
sitzt auf dem Schwanz des Vogels
und fliegst mit,
über mich gebeugt,
und mein Atem
entkommt dir nicht.

INSELMITTAG

Wir sind Fremde
von Insel
zu Insel.
Aber am Mittag, wenn uns das Meer
bis ins Bett steigt
und die Vergangenheit
wie Kielwasser
an unsern Fersen abläuft
und das tote Meerkraut am Strand
zu goldenen Bäumen wird,
dann hält uns kein Netz
der Erinnerung mehr,
wir gleiten
hinaus,
und die abgesteckten
Meerstraßen der Fischer
und die Tiefenkarten
gelten nicht
für uns.

WINDGESCHENKE

Die Luft ein Archipel
von Duftinseln.
Schwaden von Lindenblüten
und sonnigem Heu,
süß vertraut,
stehen und warten auf mich
als umhüllten mich Tücher,

von lange her
aus sanftem Zuhaus
von der Mutter gewoben.

Ich bin wie im Traum
und kann den Windgeschenken
kaum glauben.
Wolken von Zärtlichkeit
fangen mich ein,
und das Glück beißt
seinen kleinen Zahn
in mein Herz.

WEN ES TRIFFT

Wen es trifft,
der wird aufgehoben
wie von einem riesigen Kran
und abgesetzt
wo nichts mehr gilt,
wo keine Straße
von Gestern nach Morgen führt
und der Boden
aus hitzigem Eisen ist
wie in der Tanzbärschule
oder schlüpfrig und kalt
wie eine Eisenbahn.
Die Knöpfe, der Schmuck und die Farbe
und alle Geschichte
werden wie mit Besen
von seinen Kleidern gekehrt

bis neben ihm
ein Kapuzinermönch
zum Paradiesvogel wird.
Dann wird er entblößt
und ausgestellt
auf dem Marktplatz des Abfalls.
Feindliche Hände
betasten die Hüften.
Er wird unter Druck
in Tränen gekocht
bis das Fleisch
auf den Knochen weich wird
wie in den langsamen Küchen der Zeit.
Er wird durch die feinsten
Siebe des Schmerzes gepreßt
und durch die unbarmherzigen
Tücher geseiht,
die nichts durchlassen
und auf denen das letzte Korn
Selbstgefühl
zurückbleibt.
So wird er ausgesucht
und bestraft
und muß den Staub essen
auf allen Landstraßen des Betrugs
von den Sohlen aller Enttäuschten,
und weil Herbst ist
soll sein Blut
die großen Weinreben düngen
und gegen den Frost feien.

Manchmal jedoch
wenn er Glück hat,

aber durch kein kennbares
Verdienst,
so wie er nicht ausgesetzt ist
für eine wißbare Schuld,
sondern ganz einfach weil er zur Hand war,
wird er
von der unbekannten
allmächtigen Instanz
begnadigt
solange noch Zeit ist.
Dann wird er wiederentdeckt
wie ein verlorener Kontinent
oder ein Kruzifix
nach dem Bombenangriff
im verschütteten Keller.
Es ist als würde eine Weiche gestellt:
sein Nirgendwo
wird angekoppelt
an die alte Landschaft
(eine Landschaft mit Wegen),
wie man einen Wagen
von einem toten Geleis
an einen Zug schiebt.
Unter dem irisfarbenen Tor
des Freiheitsdorfs
erkennt ihn und öffnet die Arme
zu seinem Empfang
ein zärtliches Gestern
an einem bestimmbaren
Tag des Kalenders,
der dick ist mit Zukunft.

Keine Katze mit sieben Leben,
keine Eidechse und kein Seestern,
denen das verlorene Glied
nachwächst,
kein zerschnittener Wurm
ist so zäh wie der Mensch,
den man in die Sonne
von Liebe und Hoffnung legt.
Mit den Brandmalen auf seinem Körper
und den Narben der Wunden
verblaßt ihm die Angst.
Sein entlaubter
Freudenbaum
treibt neue Knospen,
selbst die Rinde des Vertrauens
wächst langsam nach.
Er gewöhnt sich an das veränderte
gepflügte Bild
in den Spiegeln,
er ölt seine Haut
und bezieht den vorwitzigen
Knochenmann
mit einer neuen Lage von Fett,
bis er für alle
nicht mehr fremd riecht.
Und ganz unmerklich,
vielleicht an einem Feiertag
oder an einem Geburtstag,
sitzt er nicht mehr
nur auf dem Rande
des gebotenen Stuhls,
als sei es zur Flucht
oder als habe das Möbel

wurmstichige Beine,
sondern er sitzt
mit den Seinen am Tisch
und ist zuhause
und beinah
sicher
und freut sich
der Geschenke
und liebt das Geliehene
mehr als einen Besitz,
und jeder Tag
ist für ihn
ein überraschendes Hier,
so leuchtend leicht
und klar begrenzt
wie die Spanne
zwischen den ausgebreiteten
Schwungfedern
eines gleitenden Vogels,
ungeplant plötzlich im Blau
und unaufhaltsam.

Die furchtbare Pause
der Prüfung
sinkt ein
wie ein Tief zwischen Inseln.
Die Schlagbäume
an allen Grenzen
werden wieder ins Helle verrückt,
wie im Traum nach der Operation.
Aber die Substanz
des Ich
ist so anders

wie das Metall, das aus dem Hochofen kommt.
Oder als wär er
aus dem zehnten oder zwanzigsten Stock
– der Unterschied ist gering
beim Salto mortale
ohne Netz –
auf seine Füße gefallen
mitten auf Times Square
und mit knapper Not
vor dem Wechsel des roten Lichts
den Schnauzen der Autos entkommen.
Aber eine gewisse Leichtigkeit
ist ihm
wie einem Vogel
geblieben.

*

Du aber
der Du ihm
auf jeder Straße begegnest,
der Du mit ihm
das Brot brichst,
bücke Dich und streichle,
ohne es zu knicken,
das zarte Moos am Boden
oder ein kleines Tier,
ohne daß es zuckt
vor Deiner Hand.
Lege sie schützend
auf den Kopf eines Kinds,
lasse sie küssen
von dem zärtlichen Mund
der Geliebten,

oder halte sie
wie unter einen Kranen
unter das fließende Gold
der Nachmittagssonne,
damit sie transparent wird
und gänzlich untauglich
zu jedem Handgriff
beim Bau
von Stacheldrahthöllen,
öffentlichen
oder intimen,
und damit sie nie,
wenn die Panik
ihre schlimmen Waffen verteilt,
»Hier« ruft
und nie
die große eiserne
Rute zu halten bekommt,
die durch die andere Form
hindurchfährt
wie durch Schaum.
Und daß sie Dir nie,
an keinem Abend,
nach Hause kommt
wie ein Jagdhund
mit einem Fasan
oder einem kleinen Hasen
als Beute seines Instinkts
und Dir die Haut
eines Du
auf den Tisch legt.

Damit,
wenn am letzten Tag
sie vor Dir
auf der Bettdecke liegt,
wie eine blasse Blume
so matt
aber nicht ganz so leicht
und nicht ganz so rein,
sondern wie eine Menschenhand,
die befleckt
und gewaschen wird
und wieder befleckt,
Du ihr dankst
und sagst:
Lebe wohl,
meine Hand.
Du warst
kein Werkzeug des Abbaus.
Du warst ein liebendes
Glied
zwischen mir und der Welt.

Vinalhaven, 1953

NUR EINE ROSE ALS STÜTZE

Ich setzte den Fuß in die Luft,
und sie trug.

NUR EINE ROSE ALS STÜTZE

Ich richte mir ein Zimmer ein in der Luft
unter den Akrobaten und Vögeln:
mein Bett auf dem Trapez des Gefühls
wie ein Nest im Wind
auf der äußersten Spitze des Zweigs.

Ich kaufe mir eine Decke aus der zartesten Wolle
der sanftgescheitelten Schafe die
im Mondlicht
wie schimmernde Wolken
über die feste Erde ziehn.

Ich schließe die Augen und hülle mich ein
in das Vlies der verläßlichen Tiere.
Ich will den Sand unter den kleinen Hufen spüren
und das Klicken des Riegels hören,
der die Stalltür am Abend schließt.

Aber ich liege in Vogelfedern, hoch ins Leere gewiegt.
Mir schwindelt. Ich schlafe nicht ein.
Meine Hand
greift nach einem Halt und findet
nur eine Rose als Stütze.

TREULOSE KAHNFAHRT

Aber der Traum ist ein Kahn
zu dem falschen Ufer.
Du steigst ein
an dem schimmernden Holzsteg des Gestern.

Du bist eingeladen
zu einer Fahrt über rosa Wolken
unter rosa Wolken,
wolkengleich.

Ein Hauch der Luft
du bist so leicht,
der Kahn so steuerlos,
das Wasser so spiegelglatt.
So sanft verlierst du die Richtung:
du bist noch unterwegs nach der Wiese im Licht,
wenn der Sand schon unter dem Kiel knirscht
im Schatten der Weiden.

GEGENWART

Wer auf der Schwelle seines Hauses geweint hat
wie nicht je ein fremder Bettler.
Wer die Nacht auf den Dielen
neben dem eigenen Lager verbrachte.
Wer die Toten bat
sich wegzuwenden von seiner Scham.

Dessen Sohle betritt die Straße nicht wieder,
sein Gestern und Morgen
sind durch ein Jahrhundert getrennt
und reichen sich nie mehr die Hand.
Die Rose verblüht ihm nicht.
Der Pfeil trifft ihn nie.

Doch fast erschreckt ihn der Trost
wenn sich ein sichtbarer Flügel wölbt,
sein zitterndes Licht
zu beschützen.

DAS GOLDENE SEIL

Nichts ist so flüchtig
wie die Begegnung.

Wir spielen wie die Kinder,
wir laden uns ein und aus
als hätten wir ewig Zeit.
Wir scherzen mit dem Abschied,
wir sammeln noch Tränen wie Klicker
und versuchen ob die Messer schneiden.
Da wird schon der Name
gerufen.
Da ist schon die Pause
vorbei.

Wir halten
uns bange fest
an dem goldenen Seil
und widerstreben dem Aufbruch.
Aber es reißt.
Wir treiben hinaus:
hinweg aus der gleichen Stadt,
hinweg aus der gleichen Welt,
unter die gleiche,
die alles vermengende
Erde.

BITTERSÜSSER MANDELBAUM

Die Zweige müssen die Blüten verlieren,
damit die Bäume grünen:
das Rosa und das Weiß
der süßen und bitteren Mandel
mischt sich am Boden.

War das Süße ins Bittre
oder das Bittre ins Süße gepfropft?
Alle Blüten sind voller Honig,
leichte Schmetterlingswiegen,
alles Blühen ist süß.

Doch wenn erst das Laub
die doppelte Krone vereint,
unter dem blauesten Himmel,
im sanftesten Wind.
wird dann das Bittere bitter.

DIE SCHWERSTEN WEGE

Für R. H.

Die schwersten Wege
werden alleine gegangen,
die Enttäuschung, der Verlust,
das Opfer,
sind einsam.
Selbst der Tote der jedem Ruf antwortet
und sich keiner Bitte versagt
steht uns nicht bei

und sieht zu
ob wir es vermögen.
Die Hände der Lebenden die sich ausstrecken
ohne uns zu erreichen
sind wie die Äste der Bäume im Winter.
Alle Vögel schweigen.
Man hört nur den eigenen Schritt
und den Schritt den der Fuß
noch nicht gegangen ist aber gehen wird.
Stehenbleiben und sich Umdrehn
hilft nicht. Es muß
gegangen sein.

Nimm eine Kerze in die Hand
wie in den Katakomben,
das kleine Licht atmet kaum.
Und doch, wenn du lange gegangen bist,
bleibt das Wunder nicht aus,
weil das Wunder immer geschieht,
und weil wir ohne die Gnade
nicht leben können:
die Kerze wird hell vom freien Atem des Tags,
du bläst sie lächelnd aus
wenn du in die Sonne trittst
und unter den blühenden Gärten
die Stadt vor dir liegt,
und in deinem Hause
dir der Tisch weiß gedeckt ist.
Und die verlierbaren Lebenden
und die unverlierbaren Toten
dir das Brot brechen und den Wein reichen –
und du ihre Stimmen wieder hörst
ganz nahe
bei deinem Herzen.

HERBST

Das Haus der Vögel entlaubt sich.
Wir haben Angst vor dem Herbst.
Manche von uns
malen den Toten das Gesicht
wenn sie fortziehn.
Denn wir fürchten den Winter.

Eine alte Frau, die vor uns stand,
war unser Windschutz,
unser Julilaub,
unsere Mutter,
deren Tod
uns
entblößt.

HAUS OHNE FENSTER

Der Schmerz sargt uns ein
in einem Haus ohne Fenster.
Die Sonne, die die Blumen öffnet,
zeigt seine Kanten
nur deutlicher.
Es ist ein Würfel aus Schweigen
in der Nacht.

Der Trost,
der keine Fenster findet und keine Türen
und hinein will,
trägt erbittert das Reisig zusammen.
Er will ein Wunder erzwingen

und zündet es an,
das Haus aus Schmerz.

IM REGEN GESCHRIEBEN

Wer wie die Biene wäre,
die die Sonne
auch durch den Wolkenhimmel fühlt,
die den Weg zur Blüte findet
und nie die Richtung verliert,
dem lägen die Felder in ewigem Glanz,
wie kurz er auch lebte,
er würde selten
weinen.

BANGES NEUJAHR

Das tiefere Rot der Hyazinthe die stirbt:
die Schwermut steigt in dem Stengel,
ihr dunkler Saft
Pegel des Tods in der Dolde.

Weihnachten ist dahin,
alle Kerzen sind niedergebrannt,
Wachsflecken auf dem Tischtuch.
Das Kind, das Neue Jahr,
regt sich nicht in der Krippe.
Wir warten auf sein Lächeln,
wir warten auf seinen Schrei,

wir halten den Atem vor Angst.
Die Nacht ist so naß,
so sternenlos,
die Reiser blühn,
die Hyazinthe stirbt.
Das Wunder
– kaum ein Glänzen am Horizont –
geht in weiter Ferne vorüber.

SÄMANN

Der große Sämann,
ungerufen,
blies einen Atem von Blumensamen über mich hin
und streute eine Saat
von Kornblumen und rotem Mohn
in meine Weizenfelder.

Das leuchtende Unkraut,
mächtiger Sämann,
wie trenn ich es je
von den Ähren,
ohne die Felder
zu roden?

AUF WOLKENBÜRGSCHAFT

Für Sabka

Ich habe Heimweh nach einem Land
in dem ich niemals war,
wo alle Bäume und Blumen
mich kennen,
in das ich niemals geh,
doch wo sich die Wolken
meiner
genau erinnern,
ein Fremder, der sich
in keinem Zuhause
ausweinen kann.

Ich fahre
nach Inseln ohne Hafen,
ich werfe die Schlüssel ins Meer
gleich bei der Ausfahrt.
Ich komme nirgends an.
Mein Segel ist wie ein Spinnweb im Wind,
aber es reißt nicht.
Und jenseits des Horizonts,
wo die großen Vögel
am Ende ihres Flugs
die Schwingen in der Sonne trocknen,
liegt ein Erdteil
wo sie mich aufnehmen müssen,
ohne Paß,
auf Wolkenbürgschaft.

»VOGEL KLAGE«

Ein Vogel ohne Füße ist die Klage,
kein Ast, keine Hand, kein Nest.

Ein Vogel der sich wundfliegt
im Engen,
ein Vogel der sich verliert
im Weiten,
ein Vogel der ertrinkt
im Meer.
Ein Vogel
der ein Vogel ist,
der ein Stein ist,
der schreit.

Ein stummer Vogel,
den niemand hört.

NEUES LAND

Es war leicht zu sein wie neues Land
wenn der Tag kam,
und nicht zu fragen
und die Stimme ins Blau zu schicken
wie eine Lerche.
Und wieder aufzustehn, wenn ich fiel,
ohne Narben.

Die Erde hat sich einmal zu oft gedreht.
Es hat nichts genutzt,
daß eine alte Frau

drei Gräser um meinen Fuß band,
als sei ich ein krankes Fohlen.
Ich bin aufgestanden
mit Narben.

Wenn du warten willst,
bis ich bin, wie ich war,
mußt du warten, bis ich sterbe.
Die Toten, sagt man, haben ein glattes Gesicht
und erfüllen uns jeglichen Wunsch.
Sie sind heiter
wie der Himmel im Frühling.

Und ohne zu fragen
und ohne verletzt zu sein,
sind sie immer
nur der Kern,
nie die Schale.

GEBORGENHEIT

Morgens in der weißen
Geborgenheit einer Badewanne
ohne Wasser
denke ich an den Baumstamm
in dem ich liegen möchte,
glatt, hell, kantenlos,
als sei ich in ihm zuhause
wie eine Dryade.
Niemand wird mich in
einem Baumstamm
oder in der Wanne

begraben wollen,
auf einem Friedhof
den ich wähle,
weil ihn die Abendsonne trifft,
aber zu dessen Sprengel
ich, die Weggezogene,
die nirgends Eingetragene,
in keiner Kirche, in keiner Stadt,
der die Briefe von Land zu Land
nachgeschickt werden,
nicht
gehöre.

BUCHEN IM FRÜHLING

Wir gehen zu zweit hinein
zu den Buchen im Frühling.
So silbern, so glatt, so dicht beieinander
die Stämme.
Das helle Laub wie Wolken am Himmel.
Du siehst hinauf und dir schwindelt.
Du entfernst dich ein wenig:
drei oder vier Bäume
zwischen uns.
Du verlierst dich
als sei ein Urteil gesprochen.
So nah, so getrennt.
Wir werden uns nie wieder
finden.

RUFE NICHT

Lege den Finger auf den Mund.
Rufe nicht.
Bleibe stehen
am Wegrand.
Vielleicht solltest du dich hinlegen
in den Staub.
Dann siehst du in den Himmel
und bist eins mit der Straße,
und wer sich umdreht nach dir
kann gehen als lasse er niemand zurück.
Es geht sich leichter fort,
wenn du liegst als wenn du stehst,
wenn du schweigst als wenn du rufst.
Sieh die Wolken ziehn.
Sei bescheiden, halte nichts fest.
Sie lösen sich auf.
Auch du bist sehr leicht.
Auch du wirst nicht dauern.
Es lohnt sich nicht Angst zu haben
vor Verlassenheit,
wenn schon der Wind steigt
der die Wolke
verweht.

WILLKÜRLICHE CHRONOLOGIE

Die Totenmaske jedes Tages
den du gelebt,
so ungleich geprägt
der Abdruck des Herzens.

Blicklose Tage
wie die Blinden
in den Straßen Sevillas.
Ketten von Blinden
an einem Stab.
Umsonst die Segel auf den Balkonen
und auf den Dächern,
der Ruf zur Fahrt,
das helle Blau.
Wenn die Blinden kommen
eingesammelt an ihrem Stab,
nichts als Blinde
von einer Straßenseite zur andern.
Arme Blinde in Bastschuhn,
wenn Abend wird
und ein Kind genügt
für eine Schnur von Männern.

Tage wie Segel so hell,
so weiß in blau,
Leintücher für ein Bett
für einen oder zwei,
tanzend über den Häusern.
Das Haus,
die Straße,
der Tag,
alles fährt,
so leicht,
so fremd, so vertraut,
so wach im Atem der Luft.
Ein Bettuch als Segel genügt
für jedes Schiff.

Tage
wie ein Hausflur so dunkel
wenn du hingefallen bist und es
sehr weh tut
und du sehr klein bist
und alle Klinken zu hoch
und keine Türe sich öffnet,
und niemand
dich bei der Hand nimmt.

Tage so blicklos und zögernd,
so schnell, so blau, so weiß,
so bitter wie die Orangen
an den Orangenbäumen Sevillas,
für die der Zucker
auf fernen Inseln wächst.

MIT MEINEM SCHATTEN

Ich gehe mit meinem Schatten,
nur von dem Schatten begleitet,
alleine mit ihm,
über graslose Wiesen.

Ich immer blässer,
er immer länger.
Er führt mich,
ich lasse mich führen.

Die kahlen Birken am Weg,
glatte weiße Finger,
kennen das Ziel
besser als ich.

ES KOMMEN KEINE NACH UNS

Es kommen keine nach uns,
die es erzählen werden,
keine, die was wir
ungetan ließen,
in die Hand nehmen und zu Ende tun.

Wir stehen auf einem Stück Land,
das schon abgetrennt ist.
Unsere Schatten fallen
ins Leere.
Kein Spiegel ist aufgestellt,
der unser Bild bewahrt,
keine Folge von Spiegeln mehr,
wenn wir gegangen sind.
Die Bilder
derer, die vor uns waren
und die Luft in unserer Lunge sind,
die mit unserem Munde gelacht,
die mit unseren Augen geweint haben,
sie werden Staub
mit uns.

So wie wir dahingehn
sind wenige dahingegangen.
Es ist gleichgültig
was wir schreiben oder sagen,
außer für dich oder für mich.
Nichts was wir tun
ist eine Saat die nach uns aufgeht.
Wir sind ganz für den Tag gemacht,
nur für diesen, den unsern.

Die kommenden Tage,
die Tage hinter dem Horizont,
gehören Menschen die anders sein werden.
Unser Frühling ist dieser Frühling,
unser Sommer ist dieser Sommer,
und unser Herbst dieser Herbst.

Wenn wir uns umdrehn
und sehen, daß wir die Letzten sind,
die Kinder und Kindeskinder derer die waren,
die Väter und Mütter
von niemand,
daß wir am Rande stehn,
auf einer Scholle fast,
die bald treiben wird,

Dann müssen wir
mehr als die andern
den Boden unter den Füßen fühlen
während wir gehen,
diesen kurzen Boden
von Morgen zu Abend.
Wir müssen dünne Sohlen tragen
oder barfuß gehen.
Was wir berühren,
mit leichtem Finger berühren,
mit wachen Fingerspitzen.
Nichts achtlos.

Jedes Mal ist das letzte
oder könnte es sein.
Wir tun es für alle, die vor uns waren,
und für alle, die nach uns
es nicht tun
oder ganz anders.

Wir wollen nichts liegen lassen,
halbgetan,
und die Gläser nicht halbgeleert
auf unserm Tisch den Gespenstern lassen.
Wir müssen genau sein
in der Minute des Flügelschlags.
Unser Gesicht nackt
ohne den Firnis
derer, die Zeit haben
sich zu gewöhnen und zu entwöhnen.
Wenn um unsre Balkone das Wasser steigt,
die Spitzen der Bäume
noch sichtbar unter den Sternen,
wenn unsre Häuser auf den Bergen,
in denen noch Licht ist,
sich bewegen
und davonfahrn
als seien es Archen,
dann müssen wir bereit sein
– wie einer der aus dem Fenster springt –
die große Frage zu fragen
und die große Antwort zu hören.

UNTERRICHT

Jeder der geht
belehrt uns ein wenig
über uns selber.
Kostbarster Unterricht
an den Sterbebetten.
Alle Spiegel so klar

wie ein See nach großem Regen,
ehe der dunstige Tag
die Bilder wieder verwischt.

Nur einmal sterben sie für uns,
nie wieder.
Was wüßten wir je
ohne sie?
Ohne die sicheren Waagen
auf die wir gelegt sind
wenn wir verlassen werden.
Diese Waagen ohne die nichts
sein Gewicht hat.

Wir, deren Worte sich verfehlen,
wir vergessen es.
Und sie?
Sie können die Lehre
nicht wiederholen.

Dein Tod oder meiner
der nächste Unterricht:
so hell, so deutlich,
daß es gleich dunkel wird.

NOCH GESTERN

Dies Frühjahr ist wie ein Herbst,
ein Abschiednehmen
von allem was kommt.
Das Karussell
fährt vorbei.

Das Karussell mit den großen Tieren.
Nie wieder
wirst du mitfahrn
und warst doch noch gestern
eins von den Kindern die mitfahren müssen.
Du wirst die Geste noch machen,
fast alle machen ja nichts als die Geste,
Leben heißt höflich sein,
kein Spielverderber.
Du ißt das Eis, das man dir in die Hand gibt,
du lächelst, weil alle lächeln,
fast alle machen die Geste der Freude
für die andern.
Gestern hast du gelacht,
weil du gelacht hast.
Du mußt es weiter tun,
du darfst niemand enttäuschen.
Viele Tage werden auch blau sein,
es gibt immer
blaue Tage
wo Lachen leichter ist,
beinah wie früher –
beinah.

Keiner außer dir kennt die kleine Linie,
den Strich auf dem Boden,
den riesigen Strom,
den du nie mehr
überquerst.

MÖWE ZU DRITT

Diese drei Möwen:
die in der Luft
Brust an Brust
mit der Wassermöwe,
weiß und silber,
silber und weiß,
und die Schattenmöwe,
grau,
immer grau,
ihnen folgend.
Solange Sonne ist
und der Fluß
sanft dahinfließt
unter dem Wind.

WINTERBIENEN

Die Berge zwischen uns,
so sehr viel Luft
zwischen mir und niemand.
Ich bin allein
in sehr viel Luft.
Blaßblumige Wiesen,
Milchstraßen
von Krokus und Primeln,
Frühling.
Die Vögel reisen nach Norden
zu den alten Nestern.
Die Bienen sterben

auf den ersten Blumen,
die Winterbienen.

Ich gehe über die blassen Wiesen ins Tal,
wo die Dörfler einander hassen,
und werfe Briefe ein
für Menschen in Städten.
Ich könnte nicht reisen,
nicht mit den Vögeln,
zu den alten Nestern.
Nicht nach Süden
und nicht nach Norden.
Wenn ich ein Vogel wär,
ich flöge zu niemand.
Ich sehe die blassen Blumen an,
die Blätter vom vorigen Herbst,
und die Winterbienen.

RÜCKKEHR DER SCHIFFE

1962

Gewöhn dich nicht.
Du darfst dich nicht gewöhnen.
Eine Rose ist eine Rose.
Aber ein Heim
ist kein Heim.

Sag dem Schosshund Gegenstand ab
der dich anwedelt ~~und mitwill~~
aus den Schaufenstern.
Er irrt. Du
riechst nicht nach Bleiben.

Ein Löffel ist besser als zwei.
Häng ihn dir an den Hals,
du darfst einen haben,
denn mit der Hand
schöpft sich das Heisse zu schwer.

Es liefe der Zucker dir durch die Finger,
wie der Trost,
wie der Wunsch,
an dem Tag
da er dein wird.

Du darfst einen Löffel haben,
eine Rose,
vielleicht ein Herz.
und, vielleicht,
ein Grab.

14.3. 60

Titel: ~~Expedite~~ Mit leichtem Gepäck

Sag dem Schosshund Gegenstand ab
der dich anwedelt
aus den Schaufenstern.
Er irrt.
Du riechst nicht nach Bleiben.

Er irrt. Du riechst
nicht nach Bleiben

RÜCKKEHR DER SCHIFFE

HERBSTAUGEN

Presse dich eng
an den Boden.

Die Erde
riecht noch nach Sommer,
und der Körper
riecht noch nach Liebe.

Aber das Gras
ist schon gelb über dir.
Der Wind ist kalt
und voll Distelsamen.

Und der Traum, der dir nachstellt,
schattenfüßig,
dein Traum
hat Herbstaugen.

LANDSCHAFT BEI CADIZ

Wie der Fluß zum Meer hinabfließt,
wie das Meer den Fluß heraufkommt,
süßes Wasser,
salziges Wasser,
das Salz gewinnt.

Tränengärten
wo die Träume über ihr Ufer treten.
Nicht Blüten,

Salz-
beete
weiß in der Sonne.

Wenn wir die Pappeln verlassen
am süßen Wasser
und zur Mündung hinabgehn:
Flüsse, Gärten.
Träume aus Salz.

NACHMITTAG AM GUADALQUIVIR

Aber das Glück.

Mach ein Kreuz auf den Boden:
Hier war ich glücklich.
Aus gar keinem Grund,
wie man glücklich ist, ohne Gründe.
Nachmittag am Guadalquivir,
die Brücke voll Sonne,
du selber tanzende Luft,
nichts Festes.

Du steigst nicht auf.
Das Glück ist kein Flugzeug,
hat keinen Fahrplan,
keinen Lufthafen.
Ein großer Vogel,
der einen kleinen
auf seine Fittiche nimmt.
Irgendwo.
Du hast an der falschen Stelle gewartet.

Das Kennwort für die Abfahrt
war dies Jahr anders.
Vielleicht eine Wolke in einer Wasserlache,
eine Lokomotive
mit einem Blumenstrauß an der Brust.
(Weil der Heizer Geburtstag hat,
grüßt dich der Zug
mit einem gelben Bukett.)

Es war unnütz,
Fußstapfen auf den Boden zu zeichnen
in frische Farbe
oder in feuchten Zement
und den Fuß in den Abdruck zu passen.
Die Spur eines Toten,
Jahrhunderte tot,
ist dir nicht fremder.

LOSGELÖST

Losgelöst
treibt ein Wort

auf dem Wasser der Zeit
und dreht sich
und wird getragen
oder geht unter.

Du hast mich lange vergessen.
Ich erinnre schon niemand,
dich nicht
und niemand.

Dies Wort von mir zu dir,
dies treibende Blatt,
es könnte von jedem
Baum

auf das Wasser gefallen sein.

RÜCKKEHR

Meine Füße wunderten sich
daß neben ihnen Füße gingen
die sich nicht wunderten.

Ich, die ich barfuß gehe
und keine Spur hinterlasse,
immer sah ich den Leuten auf die Schuhe.

Aber die Wege feierten
Wiedersehen
mit meinen schüchternen Füßen.

Am Haus meiner Kindheit blühte
im Februar
der Mandelbaum.

Ich hatte geträumt,
er werde blühen.

JENSEITS DES BERGS

Die Zeit
macht einen Buckel vor mir
und wirft sich auf wie ein Berg.
Auf der anderen Seite
liegt morgen:
Die Abfahrt, immer die Abfahrt.
Die Koffer werden zu eng sein,
ich muß alles hierlassen.
Nichts läßt sich berechnen
was jenseits des Bergs ist,
am anderen Abhang,
der nicht auf mich zukommt.

Die Zimmer in die ich Rosen stellen werde
daß etwas darin mein sei,
ich fühle ihre Klinken in der Hand,
Klinke nach Klinke,
ihre Tapeten sind gegen mich.
Aber sie sind noch
auf der anderen Seite
des Bergs.
Ich muß sie nicht sehen,
die ich suchen,
in denen ich wohnen werde,
eine Woche von nun.

Auf der anderen Seite des Bergs,
fern,
der Abend auf den schon der Uhrzeiger zuläuft,
der Abend dieses Tags
an dem der Regen nicht kommt, aber
an dem ich dich wiederseh,

an dem wir uns trennen, hilflos.
Ich bin zu klein, um hinwegzusehn
über diesen
Berg von zwei Stunden,
auf dessen anderer Seite
du auf mich wartest.

KNOSPE

Die Knospe einer Liebkosung,
von keinem Gärtner gepflegt,
im Laub meines Körpers verborgen,
langsam,
unaufhaltsam sich öffnend,
macht mich fremd mit mir selbst.

ABZÄHLEN DER REGENTROPFENSCHNUR

Ich zähle die Regentropfen an den Zweigen,
sie glänzen, aber sie fallen nicht,
schimmernde Schnüre von Tropfen
an den kahlen Zweigen.
Die Wiese sieht mich an
mit großen Augen aus Wasser.
Die goldgrünen Weidenkätzchen
haben ein triefendes Fell.
Keine Biene besucht sie.

Ich will sie einladen
sich an meinem Ofen zu trocknen.

Ich sitze auf einem Berg
und habe alles,
das Dach und die Wände,
das Bett und den Tisch,
den heißen Regen im Badezimmer
und den Ofen mit löwenfarbener Mähne,
der atmet wie ein Tier
oder ein Mitmensch.
Und die Postfrau
die den Brief bringen würde
auf meinen Berg.

Aber die Weidenkätzchen
treten nicht ein
und der Brief kommt nicht,
denn die Regentropfen
wollen sich nicht zählen lassen.

WINTER

Die Vögel, schwarze Früchte
in den kahlen Ästen.
Die Bäume spielen Verstecken mit mir,
ich gehe wie unter Leuten
die ihre Gedanken verbergen
und bitte die dunklen Zweige
um ihre Namen.

Ich glaube, daß sie blühen werden
– innen ist grün –
daß du mich liebst
und es verschweigst.

MAGERE KOST

Ich lege mich hin,
ich esse nicht und ich schlafe nicht,
ich gebe meinen Blumen
kein Wasser.
Es lohnt nicht den Finger zu heben.
Ich erwarte nichts.

Deine Stimme, die mich umarmt hat,
es ist viele Tage her,
ich habe jeden Tag
ein kleines Stück von ihr gegessen,
ich habe viele Tage
von ihr gelebt.
Bescheiden wie die Tiere der Armen
die am Wegrand
die schütteren Halme zupfen
und denen nichts gestreut wird.

So wenig, so viel
wie die Stimme,
die mich in den Arm nimmt,
mußt du mir lassen.
Ich atme nicht
ohne die Stimme.

UNAUFHALTSAM

Das eigene Wort,
wer holt es zurück,
das lebendige
eben noch ungesprochene
Wort?

Wo das Wort vorbeifliegt
verdorren die Gräser,
werden die Blätter gelb,
fällt Schnee.
Ein Vogel käme dir wieder.
Nicht dein Wort,
das eben noch ungesagte,
in deinen Mund.
Du schickst andere Worte
hinterdrein,
Worte mit bunten, weichen Federn.
Das Wort ist schneller,
das schwarze Wort.
Es kommt immer an,
es hört nicht auf, an-
zukommen.

Besser ein Messer als ein Wort.
Ein Messer kann stumpf sein.
Ein Messer trifft oft
am Herzen vorbei.
Nicht das Wort.
Am Ende ist das Wort,
immer
am Ende
das Wort.

FLUCHT

Es flieht das Herz
mit dem Mond,
die Wolken stehn,
der Mond hat Eile.

Es flieht der Mond,
das Herz hat Eile,
es reist den Träumen nach,
die Wolken stehn.

Die Träume häuten sich.
Es flieht das Herz

vor dem Gesicht
seines Traums.

LINGUISTIK

Du mußt mit dem Obstbaum reden.

Erfinde eine neue Sprache,
die Kirschblütensprache,
Apfelblütenworte,
rosa und weiße Worte,
die der Wind
lautlos
davonträgt.

Vertraue dich dem Obstbaum an
wenn dir ein Unrecht geschieht.

Lerne zu schweigen
in der rosa
und weißen Sprache.

OSTERWIND

Wir haben es den Blumen und Bäumen voraus:
Unsere Jahreszeiten
sind schneller.

Der Tod
steigt im Stengel unseres Traums,
alle Blüten werden dunkel
und fallen.
Kaum ein Herbst. Der Winter kommt
in einer Stunde.

Doch da ist keine Wartezeit,
sicheres Warten
für kahle Zweige.

So wie der Vogel
innehält und sich wendet im Flug,
so jäh, so ohne Grund
dreht sich das Klima des Herzens.
Weiße Flügelsignale im Blau,
Auferstehung
all unserer toten

Blumen
im Osterwind
eines Lächelns.

INDISCHER FALTER

Vielleicht sind wir nichts als
Schalen
womit der Augenblick
geschöpft wird.

In einem alten Mann
der umfällt in Hamburg oder Manhattan
stirbt ein Schmetterling
die blauen Flügel öffnend
– seit dreißig Jahren,
in Angkor-Vath.

Vielleicht wird nichts verlangt
von uns
während wir hier sind,
als ein Gesicht
leuchten zu machen
bis es durchsichtig wird.

Und das Leuchten dieses einen Gesichts
aufzubewahren
wie der alte Mann
den Glanz seines indischen Falters.
Bis wir hingelegt werden
und alles für immer

erinnern – oder vergessen.

WARNUNG

Wenn die kleinen weißen Straßen
im Süden
die du gegangen bist
sich dir öffnen wie Knospen
voller Sonne
und dich einladen.

Wenn die Welt,
frischgehäutet,
dich aus dem Haus ruft
und dir ein Einhorn
gesattelt
zur Tür schickt.

Dann sollst du hinknieen wie ein Kind
am Fuß deines Betts
und um Bescheidenheit bitten.
Wenn alles dich einlädt,
das ist die Stunde
wo dich alles verläßt.

ANGSTTRAUM

Ich muß mich von mir trennen.
Ich werde weggeführt
von mir.
Ich strecke die Hände aus
nach mir,
aber ich biege um eine Ecke
und verlasse mich, die ich weggeführt werde
in einem Sträflingskleid.

Nach vier Ecken kommt die gleiche Straße
für den der um die Ecke biegt,
weiter hinten
die gleiche Straße.
Aber dann würde ich weit sein,
weit weggeführt,
die ich die Arme strecke
nach mir, die um die Ecke biegt.

LILIE

Alle Farbe ist leer,
auch das Nahe so fern.
Nichts ist vertraut:
Vielleicht eine Lilie,
die gestern nicht da war,
heute morgen mich ansah,
lila im Grün.

Der Kuckuck ruft,
die Minuten
bewegen sich nicht.
Über Nacht, unmerklich,
ist diese Lilie gekommen.
Über Nacht, unmerklich,
möchte ich gehn.

TAUBEN IM REGEN

Meine Füße die viel gegangen sind,
meine Füße zwei Tauben
die jede Nacht
das Nest deiner Hände suchten,
meine Kinderfüße.

Die du weggewiesen hast,
sie sitzen im Regen
vor deiner Tür,
aneinander geschmiegt,
zwei Tauben im Regen,

meine Kinderfüße.

VON GRÜN ZU GOLD

Die Wege werden leer sein, Bruder,
vor meinem Haus
wo ich auch wohne,
Wege die du nicht kommst,
die ich dir nie
entgegengeh.

Im Dunkel die Überfahrt
auf den Tränen,
lange Überfahrt
von einem Tag
an dem du nicht kamst,
zu einem Tag an dem du nicht kommst.

Werd ich es lassen
auf dich zu warten
an den hellen Wegen,
vom grünen Zittern
zum goldenen Zittern
der Birkenblätter?

WARTE AUF NICHTS

Vom Baum des Himmels
sind die Wolken auf die Erde gefallen.
Das Land ist gefleckt
von großen dunklen Blättern.

In den Straßen der Traurigen
werden die Fensterrahmen
in der Farbe des Himmels gemalt,
in der Farbe der Sonne
in den lichtlosen Häusern.

Taubenschläge auf den Dächern
für ein hellgefiedertes Gestern,
das nicht wiederkehrt.

Nur das Geläute am Waldrand.
Wellen von kleinen Glocken
bis in das Zimmer.
Zieh die Schuhe aus,
netze die Füße.

Warte auf nichts
als das Läuten
der kleinen Glocken
am Waldrand.

FESSELBALLON

Alleinsein wird verlangt
in fremden Häusern
wie Aufsteigen in einem Fesselballon.

Dünne Schale
die nicht schützt,
in der du treibst an Ort und Stelle.

Schwalben, Menschen,
gehen, fliegen in Gruppen
davon. Du bleibst.

Bewegen sich über den Boden.
Der Boden
bewegt sich unter dir.

Wer hält dich in der Hand
wie eine große Blume,
wer hält die Schnur?

(Der Baum hat eine Wurzel.
Die Sonne
nimmt ihn nicht mit.)

Aber ein Kind
dem die Schnur entgleitet?
Der Ballon wird kleiner und kleiner.

Ich treibe fort.
Rufend.
In meinem Fesselballon.

FAHRT DURCH KASTILIEN

I

Ich weiß nicht, warum die Welt
sich mir in zwei Hälften teilt.

Kastilien ein Weizenfeld.
Das Weizenfeld öffnet sich,
alles öffnet sich,
was ich sehe.
Die andere Hälfte
immer die Deine.

Ich bin so wach,
daß ich die Ähren zählen kann.

Frauen mit großen Hüten,
oben Gold, unten Gold,
goldenes Karussell auf den Tennen.
Die Spreu ein goldener Fächer im Wind.
Alles teilt sich
in zwei Teile.

Schafe, erdgrau, mit dem Hirten,
Ulmen, die sich in Wiesen spiegeln,
Rauchwolken von Vögeln,
Berge,
wollen nicht mein sein,
ohne auch dein zu sein.

Nicht das Feld, nicht die Stadt
mag ich nehmen,
Gold der Ähren, Gold der Türme,
wenn ich nicht dir davon geben darf.

2
Bei den Männern aus grauem Stein
vor der honigfarbenen Kirche,
Jahrhunderte
einander zugewandt,
Gespräch das nie verwittert,
wend ich mich nach dir um
und neige mich zu dir
– du, aus Traum –
und höre deine Stimme
die schweigt.
Unser Gespräch ohne Gesicht.
Ohne Stunde.
Traumgeschwister.
Weniger als der Stein.

Die Tauben sehen von oben
wie ich mich wende,
die Apostel hören,
was ich dir sage
in unsrer wortlosen Sprache.
Es ist sehr hell
zum Träumen.
Ich stehe vor einem Kirchentor
allein auf den Fliesen,
deine Hälfte der Welt,
eine geöffnete Frucht,
in der Hand.

3
Dein Name auf meinen Lippen,
immer am Rande des Rufs,
er darf nicht zu Boden fallen.

Kein Tropfen deines Namens
darf zu Boden fallen.
Ich trage das volle Gefäß
mit Vorsicht.
So leise kann er nicht fallen,
dein Name,
daß nicht der Tag zerbirst.
Und so laut nicht
daß du ihn hörst.

MANUSKRIPTE ORDNEND

Im Weinkeller
meiner Gedichte.
Mir wird ganz schwindlig
von dir.

Hinter den Fensterscheiben
eine große Wolke
zieht langsam
von Vorhang zu Vorhang.

KINDERSARKOPHAG

Die Kinder tragen im Spiel
die unnützen Burgen ab
mit ihren Kinderhänden.

Ich habe es verstanden.

Die Ölbäume wachsen einen Zentimeter
ihrer langsamen Zeit
wenn wir lang genug leben.

Du brauchst es mir nicht zu sagen.

Manche der Kinder sterben
zehnjährig
und liegen auf ihrem Sarg.

Wir sehen uns nicht wieder.

Sarg von Vögeln und Blumen,
Jahrhunderte,
erstaunten Auges.

Wir sind schon andere.

Prinzenkinder.
Ohne die Liebe zu kennen.

Wir lernen Verlernen.

FLUT

Ich fühle, wie das unruhige
Wasser
deines Herzens steigt.

Ich bitt dich um nichts.

Lasse mich
ertrinken.
Rette das Bild.

MORGENS UND ABENDS

1
Immer wieder die schwarzen Vögel
über mich wegfliegend.
Diese Frühaufsteher,
wenn ich die Augen öffne.

Und des Abends
– ich zu müd mich zu wehren –
ein verspäteter,
der in meinem Haar übernachtet.

2
Die Wiesen, die Augen
früh und spät
so naß.

Dazwischen
ist Tag.

BEHÜTET

Ich schlafe im Schutz
meiner Traurigkeit.
Das Leid wie das Glück
baut Mauern.

Ich, ohne Haus,
immer im Schutz dieser Mauer,
wo der Krieg
stillsteht.

Wo ich an der Wunde
von einer Taube
Brustfeder
sterbe.

NUR ZEUGEN

Diese entblätternde Blume,
Sehnsucht,
ins Zeitlose
so langsam
fallend.

Der Schmerz
mit der durchschnittenen Nabelschnur,
gestern noch heilbar,
heute schon weit
im Niewieder.

Nichts können wir ändern,
nur zusehn,
über dem unbegreiflichen
Vermögen weh zu tun
die Tränen mischend.

LETZTE MITTEILUNG

Mein Bett ein Blatt
auf den Gefällen der Nächte,
immer schneller.

Ich sehe die Ufer nicht,
habe die Neugier verloren,
lege nicht an.

Das Segel aus Briefen
ziehe ich ein,
lasse keine Adresse.

Trost, spätfüßiger,
– gestern rief ich noch –
kann mich nie mehr erreichen.

DIENSTPFLICHTIG

Dies Jahr ein Sarg.
Du hast ein volles Jahr
mit einem toten Traum geschlafen.

Du lebst noch,
du wirst eingezogen
zum Tun der Lebenden.

Du lebst noch
und der Traum ist tot,
zerbrechlich und zerbrochen,

wie Träume sind
und Lebende
nach dem Tod der Toten.

Du lebst
und bist so unbeschützt,
so unbeschützbar,

wie alle Lebenden
die lange im Grab
eines Traums gelegen haben.

ASTERNFELD

Wenn du weißt
daß die äußerste Plattform
immer leer ist,
das Stelldichein
mit dem Augenblick
um einen Atemzug enttäuscht.

(Nur Gott
wäre pünktlich.)

Wenn du in beiden Reihen gegangen bist:
Die all das Ihre
bei sich tragen dürfen.
Die mit dem mühsamen Gleichgewicht,
denen der Traum
nicht mitwill.

(Wenn dir der Kern
aus der Wunschkapsel fiel.)

Wenn du an Sterben denkst
als stündest du auf
und gingst ganz leise,
ohne zu stören,
in ein anderes Zimmer
wo niemand wartet.

(Du bist kein Kind,
das eine Hand bei der Hand nimmt.)

Vielleicht hebst du dann
den Kopf ein wenig,
weil in einem Asternfeld
alle Blüten
die rosa und lila Köpfe
zur Sonne drehn.

TRAUMWASSER

Traumwasser
voll ertrunkener Tage.

Traumwasser
steigt in den Straßen.

Traumwasser
schwemmt mich hinweg.

UNTERWEGS

Von Herberge zu Herberge
Vergessenheit.
Der eigene Name
wird etwas Fremdes.

Deine Mutter
lebt nirgendwo,
ist längst dein Kind geworden,
das du nicht gebierst.

Und daß dich einer liebt,
daß man dich anders lieben kann
als im Vorübergehn,
das nimmt dich wunder.

APRIL

Die Welt riecht süß
nach Gestern.
Düfte sind dauerhaft.

Du öffnest das Fenster.
Alle Frühlinge
kommen herein mit diesem.

Frühling der mehr ist
als grüne Blätter.
Ein Kuß birgt alle Küsse.

Immer dieser glänzend glatte
Himmel über der Stadt,
in den die Straßen fließen.

Du weißt, der Winter
und der Schmerz
sind nichts, was umbringt.

Die Luft riecht heute süß
nach Gestern –
das süß nach Heute roch.

MIT LEICHTEM GEPÄCK

Gewöhn dich nicht.
Du darfst dich nicht gewöhnen.
Eine Rose ist eine Rose.
Aber ein Heim
ist kein Heim.

Sag dem Schoßhund Gegenstand ab
der dich anwedelt
aus den Schaufenstern.
Er irrt. Du
riechst nicht nach Bleiben.

Ein Löffel ist besser als zwei.
Häng ihn dir um den Hals,
du darfst einen haben,
denn mit der Hand
schöpft sich das Heiße zu schwer.

Es liefe der Zucker dir durch die Finger,
wie der Trost,
wie der Wunsch,
an dem Tag
da er dein wird.

Du darfst einen Löffel haben,
eine Rose,
vielleicht ein Herz
und, vielleicht,
ein Grab.

FREMDER

1
Ich falle durch jedes Netz,
wie ein Toter

falle ich durch die Netze hindurch.
Samenkorn ohne Erde
schwerelos
treibt mich der Wind
aus allen Netzen empor.

Wohin ich komme, Gespinst von Wegen,
eng geknüpft.

In jeder Stadt liegt bereit
was sie brauchen,
Spielzeug und Hochzeitslaken
und der Platz
bei dem Sarg der Mutter.

Ich brauche nichts, ich komme und gehe
mit offenen Händen.

»Unsere Sprache sprichst du«,
sagen sie überall
mit Verwundern.
Ich bin der Fremde,
der ihre Sprache spricht.

2
Vor mir wird aufgebaut,
hinter mir abgeräumt,
die Bühne aus sehr dauerhaften
Häusern, Straßen, Bäumen.

Minuten ehe ich komme,
ein Platz, Stühle, ein Tisch.
Man bringt mir Kaffee,
ich spreche die Sprache des Kellners.
Stunden entfernt
baut man ein Schlafzimmer auf
in einem lauten Hotel.
Niemand wartet am Zug.

Ich ziehe um mich
das kleine schon dünne Tuch
deiner Liebe,
mein einziges Kleid.
Ich gehe im Licht
eines fernen
längst erloschenen
Lächelns.

ORIENTIERUNG

Für Minne

Mein Herz, diese Sonnenblume
auf der Suche
nach dem Licht.

Welchem
der lang vergangenen Schimmer
hebst du den Kopf zu
an den dunklen Tagen?

BITTE AN EINEN DELPHIN

Für Christine Busta

Jede Nacht
mein Kissen umarmend wie einen sanften Delphin
schwimme ich weiter fort.

Sanfter Delphin
in diesem Meer von Herzklopfen,
trage mich,

wenn es hell wird,
an einen gütigen Strand.
Fern der Küste von morgen.

ZÄRTLICHE NACHT

Es kommt die Nacht
da liebst du

nicht was schön –
was häßlich ist.

Nicht was steigt –
was schon fallen muß.

Nicht wo du helfen kannst –
wo du hilflos bist.

Es ist eine zärtliche Nacht,
die Nacht da du liebst,

was Liebe
nicht retten kann.

RÜCKKEHR DER SCHIFFE

Du hast alles fortgehen lassen
was dir gehörte.
Auch die Erwartung.
Abgewandt stieg sie aufs Schiff,
ehe sich's löste
aus deiner Bucht.

Du vergißt dein Gesicht.
Ein Toter fast
der sich noch regt
und der sich noch die Nägel schneiden kann,
dem auch die Wangen oft naß sind,
ohne daß er merkt daß er weint.

Aber nichts stirbt ganz.
Schläft nur in dir, dem fast Toten.
Alles kann wiederkommen.
Nicht so.
Aber doch, auf seine Art,
wieder-kommen.

Auch das Schiff.
Alle deine Schiffe zugleich.
Ein sanftes Licht.
Du weißt es selber nicht,
sind dir die Schiffe heimgekehrt,
heben hohe Bäume sich aus dir?

Nur daß Weite und Licht ist
in deiner unendlichen Brust
und sich alles versöhnt, bei seiner
Einfahrt in diese große Wunde
ohne Ränder, die
vollsteht mit einem süßen Wasser.

LIEDER ZUR ERMUTIGUNG

I

Unsere Kissen sind naß
von den Tränen
verstörter Träume.

Aber wieder steigt
aus unseren leeren
hilflosen Händen
die Taube auf.

II

Lange wurdest du um die türelosen
Mauern der Stadt gejagt.

Du fliehst und streust
die verwirrten Namen der Dinge
hinter dich.

Vertrauen, dieses schwerste
ABC.

Ich mache ein kleines Zeichen
in die Luft,
unsichtbar,
wo die neue Stadt beginnt,
Jerusalem,
die goldene,
aus Nichts.

III

Für Li

Diese Vögel
ohne Schmerzen,
diese leichtesten goldenen
Vögel
dahintreibend
über den Dächern.

Keiner
nach dem andern
fragend.

Ohne Bitte,
ohne Sehnsucht,
sich mischend, sich trennend.

Wir,
unter den Dächern,
uns anklammernd.

Sieh,
die Sonne kehrt
wieder
als goldener Rauch.
Die fallende steigt.
Steigt aus den Dächern Hiobs.
Es tagt
heute
zum zweiten Mal.

HIER

1964

Den Kopf hochzuhalten
ist das Merkmal des Menschseins.
Nach PICO DELLA MIRANDOLA

Das Gespräch der Sprachen überlebt als
einen Vogel von Worten
mit ihm
davon gehen

Worte sind Vögel

LYRIK

das Nichtwort

ausgespannt
zwischen

Wort und Wort.

EINHORN

Die Freude
dieses bescheidenste Tier
dies sanfte Einhorn

so leise
man hört es nicht
wenn es kommt, wenn es geht
mein Haustier
Freude

wenn es Durst hat
leckt es die Tränen
von den Träumen.

AUF DER ANDERN SEITE DES MONDS

Auf der andern Seite des Monds
gehen
in goldene Kleider gehüllt

deine wirklichen Tage
sie wohnen
wie sonst du
in Helle
verscheucht von hier
weggescheucht
wandeln sie dort
du weißt es sind deine.

Du aber empfängst
Morgen nach Morgen
ihre Stellvertreter:
fremder
als jedes fremde Land.
Du weißt
die deinen
wandeln in Helle
sie ziehen Tag um Tag
neben dir her
nur auf der anderen Seite des Monds.

HEIMKEHRER

Alle Erinnerung weggelitten
zu weit
zu weit über das Ziel
vor Heimweh.

Aber die Zärtlichkeit
eines Keimblatts
ohne die kein Wachstum ist
der Schutz
einer Hand.

Die hohe Spirale
auf der wir
alles
viel zu spät lernen.

SCHNEIDE DAS AUGENLID AB

Schneide das Augenlid ab:
fürchte dich.

Nähe dein Augenlid an:
träume.

AKTUELLES

1
Und immer der Garten

unter blühenden Bäumen
immer
das Frühstück

unter der Erde
Traumvolk
die Gehenkten

unsere Kinder.

2
Knochen und Steine
Steine
nicht werfen

Steine nicht nicht werfen.
Mauern mit Steinen bau'n.
Mauern
nicht bau'n.

Die Arme
sinken lassen.
Die Arme heben
sich weinend
umarmen.
Gebrauchsanweisung
für Arme.

›SEIDS GEWESEN, SEIDS GEWESEN!‹

Die letzte Erde
der Erde letzter Tag
die letzte Landschaft
die eines letzten Menschen Auge sieht
unerinnert
nicht weitergegeben
an nicht mehr Kommende
dieser Tag
ohne Namen ihn zu rufen
ohne Rufende

nicht grüner
nicht weißer
nicht blauer
als die Tage die wir sehn
oder schwarz
oder feuerfarben

er wird einen Abend haben
oder er wird keinen Abend haben
seine Helle sein Dunkel
unvergleichbar.

Die Sonne die leuchtet falls sie leuchtet
unbegrüßt
nach diesem Tag
wird es sich unter ihr öffnen?
Werden wir
als Staunende
wieder herausgegeben
unter einem währenden Licht?

Zünder der letzten Lunte
Maden der Ewigkeit?

SALVA NOS

I
Heute rufen wir
heute nennen wir.
Eine Stimme
die ein Wort sagt
das Widerfahrene

mit etwas Luft die in uns aufsteigt
mit nichts als unserm Atem
Vokale und Konsonanten
zu einem Worte fügend
einem Namen

es zähmt
das Unzähmbare
es zwingt
einen Herzschlag lang
unser Ding zu sein.

2
Dies ist unsere Freiheit
die richtigen Namen nennend
furchtlos
mit der kleinen Stimme

einander rufend
mit der kleinen Stimme
das Verschlingende beim Namen nennen
mit nichts als unserm Atem

salva nos ex ore leonis
den Rachen offen halten
in dem zu wohnen
nicht unsere Wahl ist.

VON UNS

Man wird in späteren Zeiten von uns lesen.

Nie wollte ich in späteren Zeiten
das Mitleid der Schulkinder erwecken.
Nie auf diese Art
in einem Schulheft stehn.

Wir, verurteilt
zu wissen
und nicht zu handeln.

Unser Staub
wird nie mehr Erde.

SCHÖNER

Schöner sind die Gedichte des Glücks.

Wie die Blüte schöner ist als der Stengel
der sie doch treibt
sind schöner die Gedichte des Glücks.

Wie der Vogel schöner ist als das Ei
wie es schön ist wenn Licht wird
ist schöner das Glück.

Und sind schöner die Gedichte
die ich nicht schreiben werde.

KÖLN

Die versunkene Stadt
für mich
allein
versunken.

Ich schwimme
in diesen Straßen.
Andere gehn.

Die alten Häuser
haben neue große Türen
aus Glas.

Die Toten und ich
wir schwimmen
durch die neuen Türen
unserer alten Häuser.

EXIL

Meinem Vater

Der sterbende Mund
müht sich
um das richtig gesprochene
Wort
einer fremden
Sprache.

NACHT

Man hat mich Tote aufs Wasser gelegt
ich fahre die Flüsse hinunter

die Rhône den Rhein den Guadalquivir
den Haifischfluß in den Tropen.

Am Meer die Särge.
Ich ohne Münze zwischen den Zähnen

ich treibe in meinem Bett
an den barmherzigen

Bewahrern
geliebter Toter vorbei

überzählig
unnützer als Treibholz

in den Tag.

BEKLEMMUNG

Mich ängstigt
die Arroganz
diese Sicherheit
ohne Sicherheit
derer die beim Gasometer wohnen
und den Flieder hassen.
Finger
ohne Fingerspitzen
immer in Tuchfühlung
Staunen
künstlich
produzierend
fischherzig
wie die Fische in Schwärmen
hinter dem Leitwort
flitzend.

Es ist wahr, ich ängstige mich
vor der Kathode
im Gehirn
vor dem Druck dieses Knopfs
der den Hahn
(einen Hahn in New York,
einen Hahn in Frankfurt)
zur gleichen Minute
krähen macht.

KALENDER

Die geprügelten Tage
die so zutraulich begannen.

Schon hängen die Früchte ins Fenster.
Gestern
die Dolden.

Einer
deiner Sommer.

FÜNF AUSREISELIEDER

I
HIER

Ungewünschte Kinder
meine Worte
frieren.

Kommt
ich will euch
auf meine warmen
Fingerspitzen
setzen
Schmetterlinge im Winter.

Die Sonne
blaß wie ein Mond
scheint auch hier
in diesem Land
wo wir das Fremdsein
zu Ende kosten.

2

AUSREISEGEDICHT

Die Gegenstände sehen mich kommen
barfuß
ich gebe ihnen die Freiheit wieder
meinem Bett das mein Bett sein wollte
meinem Tisch
den Wänden die auf mich zu warten versprachen
wie die Wände der Kindheit.
Meine sanften Gegenstände
ihr wolltet mich sammeln.

Gegenstände
ihr seht mich gehn.

3

ICH FLÜCHTE MICH ZU DEM KLEINSTEN DING

Ich flüchte mich zu dem kleinsten Ding
der Ewigkeit eines Mooses

feucht
fingergroß
von der Kindheit
bis heute.

Ich Gulliver
lege mein Gesicht in dies Moos
Gulliver
dessen Schritt
stehe ich auf
die Grenze des Lands überschreitet.

4
KEINE ZEIT FÜR ABENTEUER

Wenn die Enden der Welt dir Vorstädte sind

du kennst den Geruch
du rückst die Buchstaben nebeneinander
die öffnen
und gehst hinein
nicht
in Weite
in andere Enge.

Aus deiner Tür
wohin denn?
Wohnst du nicht häuslich
wie jeder
einsam
wie jeder
im Schlund deines Tigers?

Nein, es ist keine Zeit
für Abenteuer.

5
›SILENCE AND EXILE‹

Unverlierbares Exil
du trägst es bei dir
du schlüpfst hinein
gefaltetes Labyrinth
Wüste
einsteckbar.

RÜCKWANDERUNG

Gerade verlern ich
den Wert
der leeren
Konservendose.

Gerade habe ich gelernt
eine Blechdose fortzuwerfen
mit der meine Freundin Ramona
dem Gast
mit der meine Freundin Ramona
mir
das Wasser schöpft
aus dem großen irdenen Krug
in der Ecke der Hütten
wenn mich dürstet
am Rande der Welt.

Gerade lerne ich bei euch
den Wert einer leeren
Blechdose
zu vergessen.

GEGEN DIE BOTMÄSSIGKEIT

Tout ce qui est mal en morale est
mal encore en politique
ROUSSEAU

Auch hier die Bäume
sie wachsen gerade
helle Stämme blaue Stämme
sie tragen Krone Blätter Blüten Früchte
fraglos.

Die Menschen
vornübergebeugt
gen Vordermann
die Sonne
fraglos.

Wenn es dreizehn schlüge
und jeder fragte
sich
fragte sich selbst.
Verhängte Spiegel

hierzulande.
Fünf ist gerade
fraglos.
Der Hintern des Vordermanns
die Sonne.

Obwohl fünf vier ist
gehorsamst
schlägt es nicht dreizehn
keiner fragt
kein Ich.

ANSTANDSREGEL FÜR ALLERWÄRTS

Man spuckt dir ins Gesicht
zieh eine Wolke um dich
sage es regne.

Ein regennasses Gesicht
ist gesellschaftsfähig
selbst ein verweintes.

Der Mißhandelte
sei unbefangen
daß ihm vergeben werde.

Sicher wußte das jeder
Jude
im Dritten Reich.

Nur die Gehängten
hingen da
ärgerlich anzusehen

und wurden geprügelt
Sterbende
für ihr Sterben.

WER ES KÖNNTE

Wer es könnte
die Welt
hochwerfen
daß der Wind
hindurchfährt.

KATALOG

Das Herz eine Schnecke
mit einem Haus
zieht die Hörner ein.

Das Herz ein Igel.

Das Herz eine Eule
bei Licht
mit den Augen klappernd.

Zugvogel Klimawechsler Herz.

Das Herz eine Kugel
gestoßen
einen Zentimeter rollend

Sandkorn Herz.

Das Herz der große
Werfer
aller Kugeln.

VERTRACKT

In welch
luftleerem Raum
würden die Herzen
angestoßen
sich bewegen?

Federn
in einem Vakuum

Köpfe von Blumen
schwerefrei
fliegende Seerosen?

Mit der Trägheit
verlierend
das Ziel.

Auf keine Weise
ist Ankunft.

BEI DER LEKTÜRE PABLO NERUDAS

›Einfachheit, wie schrecklich was uns passiert,
sie wollen nichts von uns wissen
in ihren Cliquen.‹

Ich tanze
du gehst mit breitem Schritt
ich fliege
du bist ein Flußgott.
Dieser große Strom

deiner Worte
Wasser und Erde,
meine der Atem
der das Blatt bewegt.

Deine einfachen
deine unverfälschten Worte
ganz wie meine
einfachen Worte
riechen nach Mensch.

DIE BOTSCHAFTER

Die Botschafter
kommen von weither
von jenseits der Mauer

barfuß
kommen sie
den weiten Weg

um dies Wort abzugeben.
Einer steht vor dir
in fernen Kleidern

er bringt das Wort Ich
er breitet die Arme aus
er sagt das Wort Ich

mit diesem trennenden Wort
eben saht ihr euch an
ist er nicht mehr

geht in dir weiter.

FINGERNAGELGROSS

Auf einer Wiese
fingernagelgroß

schläft er
der große Veränderer

der durch die Erde greift
wie durch Wasser

er könnte
die Waagschalen
umkippen und mit Wind füllen
Segel
mit Freude
Tanzschritt
wenn er aufsteht
der die Früchte befiedert

der Neuordner
er schläft

in dir in mir
fingernagelgroß.

FRAGE

Wenn der Vogel ein Fisch wird
dieser kleine Teil von dir
der immer aufstieg

wenn er stumm

in händeloser flügelloser Welt
nicht lernt
Fisch unter Fischen zu sein?

DAS GEFIEDER DER SPRACHE

Das Gefieder der Sprache streicheln
Worte sind Vögel
mit ihnen
davonfliegen.

IMMER KREISEN

Immer kreisen
auf dem kühleren Wind
hilflos

kreisen meine Worte
heimwehgefiedert
nestlos

einst einem Lächeln entgegen
keiner trägt das Leben allein
kreisend und kreisend.

VÖGEL MIT WURZELN

Meine Worte sind Vögel
mit Wurzeln

immer tiefer
immer höher
Nabelschnur.

Der Tag blaut aus
die Worte sind schlafen gegangen.

NÄCHTLICHE ORIENTIERUNG

Mein Kopf liegt nach Süden
meine Füße nach Norden
seit ich fort bin
immer meine Füße nach Norden
zu dir.
Mein Körper
im Schlaf eine Kompaßnadel
die ihren Nord sucht.

DAS WACHSEN VON TRÄUMEN

Das Wachsen von Träumen
macht Angst
als fehlten die Flügel
diese Mauern
zu überfliegen.

Schrei nach
einer Hand, einer Tür,
aus Fleisch, aus Holz.

ALTERNATIVE

Ich lebte auf einer Wolke
einem fliegenden Teller
und las keine Zeitung.

Meine zärtlichen Füße
gingen die Wege nicht mehr
die sie nicht gehen konnten.

Einander tröstend
wie zwei Tauben
wurden sie jeden Tag kleiner.

Gewiß ich war unnütz.

Der Wolkenteller zerbrach
ich fiel in die Welt
eine Welt aus Schmirgelpapier.

Die Handflächen tun mir weh
die Füße hassen einander.
Ich weine.

Und bin unnütz.

ENTFERNUNGEN

I
Der Mensch dies Haustier

Traum-Metöke
Amphibium
die Füße in einem Traum
die Hände in einem Zimmer
gehend in fremden Träumen
immer in dem unbekannten Land
der andern
nie
das eigene Auge sehend

nur im Traum
nur von weit
nur im Auge des andern.

2
Entfernungen

die staunende Fingerspitze
der Zeigefinger
der dich
oder den andern
anrührt
der eine Spur läßt
keinc Spur läßt
dein Zeigefinger
ein staunender
ein unwiederholbarer
Zentimeter
Haut.

3
Die sanfte Kuppe
unwiederholbar
du berührst
die Haut der Dinge
mit deiner Haut
die Rundung und die Kanten
der Dinge
ganz sanft
ihre Außenseite.

4
Dein einmaliger Finger
deine Hand

voll einmaliger Finger
deine sterbliche Hand
unterwegs
zu dem Anfaßbaren
streichelnd
seine Außenseite.

Dein sanfter Finger
ein Samen auf Asphalt
er schlägt keine Wurzel
im Erdreich
der Dinge.

5
Die Dinge
haben harte Hände
wir sind durchlässig
sie säen in uns
wortlos
ihren Samen
in uns, Einmaligen,
sie,
die Bleibenden.

Wir schwanger
mit unsern Toten
unsern Lebenden
mit den gedächtnislosen
Dingen
gehen
über ihr Pflaster
und gehen
dahin.

ENTFERNUNG

Die Entfernung
eines Kranken

von dem der bei ihm sitzt
ist nicht weiter

als die Kontinente
voneinander.

Unendlich weit.
Nur dieses

Hand in Hand.
Und doch es gilt nur

unter Gehenden.

WIR NEHMEN ABSCHIED

Wir nehmen Abschied
freiwillig.
Was wir lieben bleibt
puppengroß
auf einem Streifen Zement
als könnten wir
die Puppe
so wiederfinden.

Wir behalten das
Heimweh nach dem Abschied
lange
nach der Rückkehr.

BRIEF AUF DEN ANDEREN KONTINENT

Sieh dich nicht um
nach mir

Eurydike
immer mit dir

die Hand
deine Schulter berührend

unter den fernen Bäumen.

MARIONETTE

Der Regenbogen
das Gängelband
am anderen Ende

die Traumfigur
eine Puppe aus Fleisch und Blut

mit ausgebreiteten Armen
immer
mit ausgebreiteten Armen.

ANWEISUNG

Lade die Toten zu Gast
die Träne fällt aufwärts
sie kommen

die du liebst wie Lebende.

Niemals
den Lebenden
den du liebst

wie einen Toten.

UNTERWEGS

Über mir
wölb ich den Lichtball.

Wenn meine Stimme leiser wird
wo soll ich hin
mit diesem Ich
das täglich Junge wirft
Neugeburten.

Die Sonne
kommt nicht wieder
und geht nicht unter.
Ich
unterwegs

in einer Fruchthülle
aus Licht.

RUF

Mich ruft der Gärtner.

Unter der Erde seine Blumen
sind blau.

Tief unter der Erde
seine Blumen
sind blau.

TUNNEL

Dem Andenken Virginia Woolfs

Zu dritt
zu viert
ungezählte, einzeln

allein
gehen wir diesen Tunnel entlang
zur Tag- und Nachtgleiche

drei oder vier von uns
sagen die Worte
dies Wort:

›Fürchte dich nicht‹
es blüht
hinter uns her.

IRGENDWANN

Irgendwann
eine eiternde Wunde
ein Schrei
nicht hörbar
wird es aufbrechen
mit einer Kinderstirn wird es einhergehn
barfüßig
waffenlos
dieses Leuchten
Jahrhunderte
Gesellschaftsordnungen
können ihm nichts tun.

Es wird sein von immer zu immer
wie die Tränen gleich sind auf allen Gesichtern
durch die Kontinente, die Jahrhunderte,
wenn es kommt
dieses Lächeln
gleich hell auf den Gesichtern
aller Hautfarben
dieses Einverständnis
ist und wird gleich sein
immer
das Lächeln
der Verzicht.

ES KNOSPT

Es knospt
unter den Blättern
das nennen sie Herbst.

NICHT MÜDE WERDEN

Nicht müde werden
sondern dem Wunder
leise
wie einem Vogel
die Hand hinhalten.

ARS LONGA

Der Atem
in einer Vogelkehle
der Atem der Luft
in den Zweigen.

Das Wort
wie der Wind selbst
sein heiliger Atem
geht es aus und ein.

Immer findet der Atem
Zweige
Wolken
Vogelkehlen.

Immer das Wort
das heilige Wort
einen Mund.

HÖHLENBILDER

1968

Alle meine Schiffe
haben die Häfen vergessen,
und mein Traum den Weg.
Er wird nicht geil und nicht gesucht,
denn es ist keine Vergangenheit
und keine Zukunft,
keine Stille und kein Kind,
kaum ein Blühen im Tag.

Nur du kleine
zärtliche Abstand
zwischen Dir und mir,
den Du nicht verwindest.

16.12.51

In der Höhle meiner Angst
siehst du deine Symbole
groß an den Wänden

DEIN MUND AUF MEINEM

Dein Mund auf meinem.
Ich verlor allen Umriß.
Tausend kleine Blüten
öffneten ihre Kelche
auf meinem Körper.

Du küßtest mich zärtlich
und gingst.

Trockene Scham wie ein Feuer
stand rot mir
auf Bauch und Brüsten.

ALLE MEINE SCHIFFE

Alle meine Schiffe
haben die Häfen vergessen
und meine Füße den Weg.
Es wird nicht gesät und nicht geerntet
denn es ist keine Vergangenheit
und keine Zukunft,
kaum eine Bühne im Tag.

Nur der kleine
zärtliche Abstand
zwischen dir und mir,
den du nicht verminderst.

MEIN GESCHLECHT ZITTERT

Mein Geschlecht zittert
wie ein Vögelchen
unter dem Griff deines Blicks.

Deine Hände eine zärtliche Brise
auf meinem Leib.
Alle meine Wachen fliehn.

Du öffnest die letzte Tür.
Ich bin so erschrocken
vor Glück
daß aller Schlaf dünn wird
wie ein zerschlissenes Tuch.

SCHRIFT

Wo du mich pflügst
bleibt die Furche.

Meine Schrift auf dir
ist wie ein Zeichen im Sand
das jeder Nachtwind verweht.

NEUE WEGE

Neue Wege möchte ich finden
schmerzhaft ungegangene
vom Du zum Ich.

Keine Handbreit an mir
die deinem Eintritt
widersteht.

WIE EIN LIDLOSES TIER

Wie ein lidloses Tier
ständig zur Flucht gespannt
liegt Angst vor dir mir im Herzen.

Aber über dem Tier
steigt ein toller Baum
ein hybrides Gewächs.
Seine Wurzel reicht tief ins Tränenwasser
und statt der Blüten und Früchte
hängt er voll über-
mütiger Glöckchen.

TOPOGRAPHIE

Ich bin eine bunte
Topographie.

Blaue und rote Fahnen
auf weißem Grund

markieren die Hügel
wo aller Widerstand

der rebellischen Heere
deinem Durchbruch erlag

und meine Soldaten
zum Feind desertierten.

GALIONSFIGUR

Ich bin nur die Vorderste,
die Galionsfigur,
die sichtbare Spitze
des dunklen Schiffs.

Schweigend wie Tote
aber die ein Ruf weckt
warten die andern,
eine Front wie ein Keil.

Oft ist als reiße die Haut
zwischen einer von ihnen und mir
und ich werde gesalbt
mit der fremden Erfahrung.

Schalen bieten sich dir
in meinen Händen
und fangen dich auf,
über die ich staune wie du.

Und weil ich zittre vor Liebe
sind alle gierig
daß keine Sehnsucht von dir
ungestillt bleibt.

VOR TAG

Der Kuß aus Rosenblättern,
immer neue weiche kleine
Blätter der sich öffnenden Blüte.

Nicht jenes Wenig von Raum
für die Spanne des Wunschs
zwischen Nehmen und Geben.

Du hobst die Decke von mir
so behutsam
wie man ein Kind nicht weckt
oder als wär ich
so zerbrechlich
wie ich bin.

Ich wurde nicht wirklicher
als ein Gedicht
oder ein Traum
oder die Wolke
unter der Wolke.

Und doch, als du fort warst,
der zärtliche Zweifel:
Ist es tröstlich
für einen Mann
mit einer Wolke zu schlafen?

Kreisel
schwirrendes Verzehren
der eigenen Ränder in Wirbeln von Licht.
Kein Halten beim Tanz auf der weglosen Bahn
oder ich falle
für immer.

GEGENGEWICHT

Wie kann ich
in meinem blauesten Kleid
und riefe ich alle die blühenden Zweige
und alle Nachtigallen zu Hilfe

wie kann ich mit Lachen oder mit Tränen
das Gleichgewicht halten
der anderen Schale
in der die Welt liegt

eine Nuß aus Blei?

ICH WILL DICH

1970 / 1995

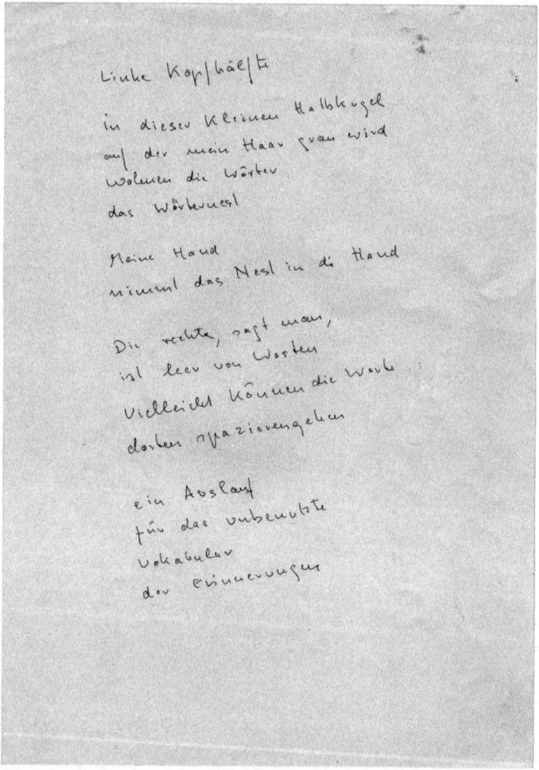

Linke Kopfhälfte

in dieser kleinen Halbkugel
auf der mein Haar grau wird
wohnen die Wörter
das Wörternest

Meine Hand
nimmt das Nest in die Hand

Die rechte, sagt man,
ist leer von Worten
Vielleicht können die Worte
dorten spazierengehen

ein Auslauf
für das unbenutzte
Vokabular
der Erinnerungen

I

damit es anders anfängt
zwischen uns allen

ICH WILL DICH

Freiheit
ich will dich
aufrauhen mit Schmirgelpapier
du geleckte

die ich meine
meine
unsere
Freiheit von und zu
Modefratz

Du wirst geleckt
mit Zungenspitzen
bis du ganz rund bist
Kugel
auf allen Tüchern

Freiheit Wort
das ich aufrauhen will
ich will dich mit Glassplittern spicken
daß man dich schwer auf die Zunge nimmt
und du niemandes Ball bist

Dich
und andere
Worte möchte ich mit Glassplittern spicken
wie es Konfuzius befiehlt
der alte Chinese

Die Eckenschale sagt er
muß
Ecken haben
sagt er
Oder der Staat geht zugrunde

Nichts weiter sagt er
ist vonnöten
Nennt
das Runde rund
und das Eckige eckig

DREI ARTEN GEDICHTE AUFZUSCHREIBEN

1

Ein trockenes Flußbett
ein weißes Band von Kieselsteinen
von weitem gesehen
hierauf wünsche ich zu schreiben
in klaren Lettern
oder eine Schutthalde
Geröll
gleitend unter meinen Zeilen
wegrutschend
damit das heikle Leben meiner Worte
ihr Dennoch
ein Dennoch jedes Buchstabens sei

2
Kleine Buchstaben
genaue
damit die Worte leise kommen
damit die Worte sich einschleichen
damit man hingehen muß
zu den Worten
sie suchen in dem weißen
Papier
leise
man merkt nicht wie sie eintreten
durch die Poren
Schweiß der nach innen rinnt

Angst
meine
unsere
und das Dennoch jedes Buchstabens

3
Ich will einen Streifen Papier
so groß wie ich
ein Meter sechzig
darauf ein Gedicht
das schreit
sowie einer vorübergeht
schreit in schwarzen Buchstaben
das etwas Unmögliches verlangt
Zivilcourage zum Beispiel
diesen Mut den kein Tier hat
Mit-Schmerz zum Beispiel
Solidarität statt Herde
Fremd-Worte
heimisch zu machen im Tun

Mensch
Tier das Zivilcourage hat
Mensch
Tier das den Mit-Schmerz kennt
Mensch Fremdwort-Tier Wort-Tier
Tier
das Gedichte schreibt
Gedicht
das Unmögliches verlangt
von jedem der vorbeigeht
dringend
unabweisbar
als rufe es
›Trink Coca-Cola‹

DAS IST ES NICHT

Das ist es nicht
daß wir gedreht werden
von Abend zu Morgen
zu Abend
auf einer Kugel von der wir jetzt wissen
daß sie blau ist
die wir sich drehen sehen
das ist es nicht
wir hängen kopfüber ins Leere
wir sind es gewohnt
auch nicht das Fließband auf das wir geleimt sind
von unserer Herstellung im Mutterleib
unserm Verpacktwerden in
Kisten jeder Größe und Art

zusammen mit andern
und zuletzt in die kleinste
dunkelste
allein
die kleinste Einzelzelle
so eng wie der Mutterleib so ohne Fenster
wir sind es gewohnt

Sagte nicht einer
Dies und dies Volk
›ist es gewohnt gefoltert zu werden‹

Das ist es nicht
wir haben das alles längst unterschrieben
jede Nacht wird es unterschrieben
für die Kinder jeder Nacht
auf den Bettüchern wird es paktiert
Gebärtüchern
Leichentüchern
Du wirst gedreht auf einer blauen Kugel
kopfüber vom Hellen ins Dunkle
das merkst du nicht
auch nicht das Fließband
aus der Einsamkeit in die Einsamkeit
deine Handvoll Asche
das ist es nicht
obwohl es auch das ist
du vergißt es bei schönem Wetter
das kleinste Fließband ist es
das ist nicht sichtbar
das ist nicht unterschrieben
das wird täglich

Auf dem großen Trichter
auf dem wir alle hinuntermüssen
seid ihr nur näher unten
ich bin noch weiter oben am Rand
sagte ein Aufseher im KZ
zu noch lebenden Menschen
Menschen die ihre Grube gruben
vor ihrer Erschießung er der Schießende
Ihr seid näher am Rand
Wie nah wir am Rand sind weiß keiner
daß es sich dreht
es dreht sich
er war oben und stieß sie hinunter
mit diesem Trost

GRAUE ZEITEN

I

Es muß aufgehoben werden
als komme es aus grauen Zeiten

Menschen wie wir wir unter ihnen
fuhren auf Schiffen hin und her
Und konnten nirgends landen

Menschen wie wir wir unter ihnen
durften nicht bleiben
und konnten nicht gehen

Menschen wie wir wir unter ihnen
grüßten unsere Freunde nicht
und wurden nicht gegrüßt

Menschen wie wir wir unter ihnen
standen an fremden Küsten
um Verzeihung bittend daß es uns gab

Menschen wie wir wir unter ihnen
wurden bewahrt

Menschen wie wir wir unter ihnen
Menschen wie ihr ihr unter ihnen
jeder

kann ausgezogen werden
und nackt gemacht
die nackten Menschenpuppen

nackter als Tierleiber
unter den Kleidern
der Leib der Opfer

Ausgezogen
die noch morgens die Schalen um sich haben
weiße Körper

Glück hatte wer nur
gestoßen wurde
von Pol zu Pol

Die grauen Zeiten
Montag viel Dienstags nichts
zwischen

uns und den grauen Zeiten

2
Die grauen Zeiten
von denen nichts uns trennt als
zwanzig Jahre

Die Köpfe der Zeitungen
das Rot und das Schwarz
unter dem Worte ›Deutsch‹

ich sah es schon einmal
Zwanzig Jahre:

Montag viel Dienstag nichts
zwischen

uns und den grauen Zeiten

3
Manchmal sehe ich dich

von wilden Tieren zerrissen
von Menschentieren

Wir lachen vielleicht

Deine Angst die ich nie sah
diese Angst
ich sehe euch

4
Dich
und den
und den
Menschen wie ihr
ihr unter ihnen
Menschen wie wir
wir unter ihnen
Nackte Menschenpuppen
die heute noch die Schalen um sich haben

Die Köpfe der Zeitungen
das Rot und das Schwarz
unter dem Worte ›Deutsch‹
Die Toten stehen neben den Kiosken
und sehen mit großen Augen
die Köpfe der Zeitungen an
den schwarz und rot gedruckten Haß
unter dem Worte ›Deutsch‹
Die Toten fürchten sich

Dies ist ein Land
in dem die Toten sich fürchten

ECCE HOMO

Weniger als die Hoffnung auf ihn

das ist der Mensch
einarmig
immer

Nur der gekreuzigte
beide Arme
weit offen
der Hier-Bin-Ich

SISYPHUS
Variationen auf einen Imperativ von Mallarmé

›Die großen blauen Löcher
die die Vögel machen die argen‹
die schwarzen Risse der Nachrichten
frühmorgens
›stopfe sie
mit unermüdlicher Hand‹

Kämme die Berge
lösche
wische weg
die Kreuzfahrerheere
fahrend zu unheiligen Gräbern
die Löcher die die Kreuzfahrer machen die argen
stopfe sie
mit unermüdlicher Hand

Und Münder die rufen
mit unermüdlichem Atem
aufgestellt in allen Ländern
und riesige Herzen neue Totems
reibe sie mit Meersand ab
die siebenfältige Herzhaut die arge

Impfe
mit den Tränen der Gefolterten
uns Überlebende
uns Nachgeborene

Die Wege sind krank
Tritte der Kreuzfahrer unermüdliche
müssen geglättet werden

mit den Handflächen unermüdlichen
stopfe
die großen blauen Löcher
die die Flugzeuge machen die argen
und die schwarzen Risse
halte
die Ränder der Wunden zusammen
stopfe die Haut des Planeten
er reißt
in unserm Jahrhundert
stopfe
mit unermüdlicher
mit nie ermüdender Hand
rufe
mit nie ermüdendem Atem
die nie ermüdenden Hände

Bergaufwärts gerollt
die Steine
werden Quelle und Brot

NACH DEM FERNSEHBERICHT: NAPALM-LAZARETT

Am Rande des Schlafs
tauchen sie auf
Köpfe
sie schwimmen
auf dem Traumwasser
auf den Bettdecken
ein Horizont von Sterbenden

Köpfe mit großen Augen
›Kriege werden mit Menschen geführt‹
sie sehen mich an
Augen

Kein Himmel hat die Blässe
klagender Augen

ABSCHAFFUNG DES BEFEHLSNOTSTANDS: PERSPEKTIVE

> Nichts hat mich so verwirrt wie eine Taube
> gurrend auf einem Zweig zwischen Insel und Fluß.
> Ihr Hals war kupfergrün …
>
> ALI BEN HISM (994–1063)

Nichts hat mich so verwirrt wie eine Taube
Ein Taubenschnabel drückt den Hebel nieder
um ein Korn
um ein Linsengericht
Esau
um eine Linse
Ihr Hals war kupfergrün
die unwissende Taube
Abels Feuer brannten
er röstete Tauben
Gott aß die Tauben
Abels Opfertauben
gemästet an Kains Korn

Gemästet an Kains Korn
Tauben
drücken die Hebel

der Elek-
tronik
Kains Körner
Taubenschnäbel
Elektronenbefehl
ihr Hals war kupfergrün
wo keiner die Hand hebt
die arbeitende Taube
genau
scharfäugig
lidlos
sanfte Tauben schillerndes Gefieder
von Kain gefüttert
taubenblau
von Kain Liebesvogel
nichts hat mich so verwirrt
an den Hebel gesetzt von Kain gefüttert
alle Abel kein Kain
alle Kain

Menschenmordende
ihr Hals war kupfergrün
wo keiner die Hand hebt
Taube
den Schnabel senkt
blaue Taube schillernd
Taubenschnäbel
lösen Kontakt aus

Fließband
alles fließt
Blut kann fließen Gas kann fließen
Taube
gurrender Täter

pickend
Hebel lösend
Kains Korn

Taube
das Weltgericht
Taube
Heiliger Geist
Botschafter Taube
Friß das Korn nicht Bruder Taube
Kains Korn
picke nicht
auf den Hebel
scharfäugige
mit deinem schillernden Hals

Die Vision stützt sich auf
mit Tauben betriebene Sortierungsvorgänge
in Fabriken der USA

ZUR INTERPUNKTION

Weil sich die Neger
fürchten
weil sich die Weißen
fürchten
fürchten meine Worte
ein einfaches Komma
eingesperrt zwischen Satzzeichen
offene Fenster
offene Zeilen

meine Worte haben Angst
vor dem Verrat
des Menschen
an dem Menschen
versuche
ihn nicht
lasse alle Türen
offen
presse uns nicht
uns Wolken

VORSICHTSHALBER

Der Herbst kommt
wir müssen Löwen an die Leine nehmen

Niemand kommt uns zu nah
wenn wir die richtigen Haustiere haben
Größeres als der Mensch
wenn es auf den Hinterbeinen steht

Wer den Hund zurückbeißt
wer auf den Kopf der Schlange tritt
wer dem Kaiman die Augen zuhält
der ist in Ordnung

ABEL STEH AUF

Abel steh auf
es muß neu gespielt werden
täglich muß es neu gespielt werden
täglich muß die Antwort noch vor uns sein
die Antwort muß ja sein können
wenn du nicht aufstehst Abel
wie soll die Antwort
diese einzig wichtige Antwort
sich je verändern
wir können alle Kirchen schließen
und alle Gesetzbücher abschaffen
in allen Sprachen der Erde
wenn du nur aufstehst
und es rückgängig machst
die erste falsche Antwort
auf die einzige Frage
auf die es ankommt
steh auf
damit Kain sagt
damit er es sagen kann
Ich bin dein Hüter
Bruder
wie sollte ich nicht dein Hüter sein
Täglich steh auf
damit wir es vor uns haben
dies Ja ich bin hier
ich
dein Bruder

Damit die Kinder Abels
sich nicht mehr fürchten

weil Kain nicht Kain wird
Ich schreibe dies
ich ein Kind Abels
und fürchte mich täglich
vor der Antwort
die Luft in meiner Lunge wird weniger
wie ich auf die Antwort warte

Abel steh auf
damit es anders anfängt
zwischen uns allen

Die Feuer die brennen
das Feuer das brennt auf der Erde
soll das Feuer von Abel sein

Und am Schwanz der Raketen
sollen die Feuer von Abel sein

II

WORT UND DING

Wort und Ding
lagen eng aufeinander
die gleiche Körperwärme
bei Ding und Wort

MONOLOGE

Die Monologe
jeder
redet für jeden
die zuhören
schweigen
sind Abwesende
parallele Strahlen
aus den Mündern
die Atemreise des Worts
ein Signal
und noch ein Signal
Signalisierende
Rennbahnen ohne Ziel
für die Zeichen
die fortstürzen
aus deinem Mund
aus meinem Mund
rufend
stimmlos

Sie treffen sich
werden zusammengebogen
die Botschaften
jeder redet für jeden
gefiltert
die tonlosen Worte
und umgewandelt
in das Wort

Jeder hört
die harten Anpralle
des eigenen Worts
das wiederkehrt
aus der Stratosphäre
ein Lufthauch
im Lufthauch
so hörte Hölderlin seine Worte
die ungesammelten
sie zogen vorbei
einkehrlos

DER GROSSE LUFTZUG

Das Wort neben mir
der Saum des Worts
ganz dicht

tief atmen
die Haut
zwischen dem Wort und mir
durchatmen
der große Luftzug
in dem die Worte fliegen

ANGSTTRAUM I

Das blaue
mein Leben

der blaue Blutfleck
ausgegossen

der Saft aller Farbbänder
ihr Leben

ihr Weg auf dem Papier
diese kleinen Pfoten

tiptap
meine Worte

meine ungeschriebenen Worte
die gesagten die geschriebenen

die vielen
ungesagten

ich träume
von einem großen blauen Blutfleck

dem Wortetod
dem Tod

meinem
ihr Kolibrifüße

Fußstapfen fußloser Vögel

SENKBLEI

Das Senkblei wanderte mit uns
die Hand in der Hand
Nest unserer Finger
wir wohnten dort

Oder waren die zehn Finger
zehn Finger von mir
dein Haus
du wohntest darin

VIELE

Viele liegen dort
ich tauche die Hand ins Wasser
ich berühre die Stirn eines jeden
das Haar
die zärtliche Biegung am Hals
wenn ich das Haar berühre
riecht es noch
der Tote steht auf
er ist fast im Zimmer
dann berühre ich dein Haar
es ist seines
es gibt viele hundert
oder du hebst die Hand du sagst etwas
einer steht auf
der Fußboden unter mir
ändert sich
die Sonne ändert sich

wenn sie kommen
einer von ihnen
seine Form über dir liegt
ich sein Haar berühre
wenn ich dein Haar berühre

GEBURTSTAGE

Sie ist tot

heute ist ihr Geburtstag
das ist der Tag
an dem sie
in diesem Dreieck
zwischen den Beinen ihrer Mutter
herausgewürgt wurde
sie die mich herausgewürgt hat
zwischen ihren Beinen

sie ist Asche

*

Immer denke ich
an die Geburt eines Rehs
wie es die Beine auf den Boden setzte

*

Ich habe niemand ins Licht gezwängt
nur Worte
Worte drehen nicht den Kopf
sie stehen auf
sofort
und gehn

ANGSTTRAUM II

Ein Zug fuhr vor
dort lag das geliebte Antlitz
und lebte noch
und sah noch aus den dunklen Augen
und sah nicht
weiß lag es und blickend
sauber vernäht die blassen
Ränder dieses blassen Gesichts
Dunkel um die dunklen
sehenden Augen
ich kannte es nicht
es kannte mich nicht
du lebst rief ich
du lebst
der Zug fuhr fort
er schloß sich wie ein schwarzes Etui
über dem blassen Gesicht
Es lebte

IMMER MIT DEN VOLLEN HÄNDEN

Immer mit den vollen Händen
es wachsen auf ihnen
es verdorren auf ihnen
und säen sich neu
Wiesen
Wälder Tiere
wachsen und leben dort
leben und sterben und werden geboren

auf meinen Händen
die gesamte Natur
vor der Erschaffung des Menschen

Ich staune sie an diese Landschaft
ich bewässere sie
mit dem gedeihlichen Wasser
mit Tränen

Immer den Kopf geneigt
einer Stimme entgegen
von der ich schon weiß
ich werde sie nie
hören

ÄNDERUNGEN

Neben meinem Kopf
ich lege ein Stück Weißbrot neben meinen Kopf
mit seinen goldenen Rändern
gieße Wein dazu
streue Salz
aus meinem Kissen wächst eine Laube
mein Bettuch wird zum Tischtuch
das Tischtuch
zum Leichentuch

FILTER

Die engste Tür
hindurchgefiltert
neu versammelt
Freiheit
der andere Zustand
Augenlos
Gehörlos
kein Griff mehr an dir
für Mißgriff

Die Zärtlichkeit des Erwachens
und die Zeitung
Die Sonne leuchtet die Sackgassen aus
du erwachst nicht mehr
du filterst hindurch
durch alle toten Enden
ins Unantastbare

Leben das Unantastbare
so angetastet
all diese Fingerabdrücke auf dir
vergiß
Leben
Leben
vergiß
vergiß die Augen
Freiheit
das Unantastbare

Der Regen
meint es nicht böse
Die Erde

meint es nicht böse
Und die Menschen
die Hände der Menschen
Das Unantastbare
gereinigt von dem Antastbaren
Leben
Freiheit
filtere dich
der neue Zustand

III

JAHRTAUSENDE

Für E.W. P.

Die Jahrtausende ließen sich von dir kraulen
wie von einem Kind
Jeden Morgen hörte ich deinen Amselpfiff
deine Freude auf den Tag
Keine Zeit kam dagegen auf
tägliche Überraschung
aus deinem Wunderkorb
Ein Vorrat für den Rest des Jahrhunderts
für jeden Tag in ihm

BITTE

Wir werden eingetaucht
und mit dem Wasser der Sintflut gewaschen
wir werden durchnäßt
bis auf die Herzhaut

Der Wunsch nach der Landschaft
diesseits der Tränengrenze
taugt nicht
der Wunsch den Blütenfrühling zu halten
der Wunsch verschont zu bleiben
taugt nicht

Es taugt die Bitte
daß bei Sonnenaufgang die Taube
den Zweig vom Ölbaum bringe
Daß die Frucht so bunt wie die Blüte sei
daß noch die Blätter der Rose am Boden
eine leuchtende Krone bilden

Und daß wir aus der Flut
daß wir aus der Löwengrube und dem feurigen Ofen
immer versehrter und immer heiler
stets von neuem
zu uns selbst
entlassen werden

AUGENTURM

Der Augenturm
das Jahresauge
weit offen
das oberste
ich klettere
auf und nieder Selbstdressur
ich bediene alle Öffnungen
manche erblinden
ich reiße die Lider auf
ich will aus diesen Augen sehen
aus allen
die ersten in Bodenhöhe
die neugeborenen
blaue Tieraugen
ich fange auf einem Meter an

frühestens
unter Wasser fast
Urmilch
aus der wir kommen
in die wir
gehn
ertrinkend täglich
den Kopf
über dem Wasser
mit Not
an guten Tagen
auf dem Rücken liegen
dahintreiben
auf dem Liquiden
den Himmel ansehn
mühelos
atmen

ANFANG

Es blättert sich auf
das Meer blättert sich auf
die Lippen
dazwischen liegt
weit hinten
eine silberne Kugel
der Anfang

Mit Libellenarmen danach greifen
der Anfang
klein hell
noch sichtbar

wenn du in dieses Haus gehst
und aufmerksam bist
wird sie nicht rollen
wenn du zurückgehst
und das Ja und das Nein
lange abgegeben
dein Ja und dein Nein

sieh die Kugel
unbekannt
das war
du konntest wählen

SEHNSUCHT

Die Sehnsucht
läßt die Erde durch die Finger rinnen
alle Erde dieser Erde
Boden suchend
für die Pflanze Mensch

WUNSCH

Ich möchte von den Dingen die ich sehe
wie von dem Blitz
gespalten werden
Ich will nicht daß sie vorüberziehen
farblos bunte
sie schwimmen auf meiner Netzhaut

sie treiben vorbei
in die dunkle Stelle
am Ende der Erinnerung

LICHTINSEL

Mein Schatten
der schmalste einsamste
unter den Toten

Auf der Lichtinsel
streunend
herrenlos

Vielleicht
diese Scharen
vielleicht
einzelne geschart
vielleicht
unter ihnen
wir
neu ausgesät

Als Bäume
werden wir sanfter sein

Vielleicht
als Bäume

DAS BILD ZU SAIS
Anti-Portrait

Dein Gesicht ist
in jedem Jahrhundert das gleiche

dein Gesicht
nur im Dunkel kenntlich

Wir sehen es mit den Fingerspitzen
wir berühren dein Haar

Bei Tage bist du vermummt
wie ein Beduinenweib
oder eine Karnevalsmaske

Seit Jahrhunderten siehst du uns an
und erlaubst
daß wir Du zu dir sagen

GEH HIN

I
Geh hin umarme
einen Baum
geh hin
umarme einen Baum
geh hin umarme einen Baum
er weint mit dir

Nietzsche umarmte das Pferd
auf einem Platz voller Menschen
einem menschenleeren

Das war noch ein Unterschied
es gab Pferde
heute denken wir
daß es auch Menschen gab
morgen denken andere
daß wir noch Glück hatten
mit diesen Menschenattrappen
mit diesen feindlichen
Nicht-Brüdern

Euer Robinson
Euer Robinson
Euch wird es nicht geben
Elias auf einem Helikopter
entführt den Einsamen
nein
niemand kommt
der Wahrheit sei Ehre
niemand kam niemand
wird kommen

2
Kahl wie ein Affenhintern die Erde

Hülle ihn in Acryl
deinen Abseitigen
bis die Rose wieder heranreift

bis die Rose wieder heranreift

3
Wiederhole wiederhole wiederhole
damit die Worte nicht alleine sind

In der lärmenden Stille
verliert sich das Wort
gib ihm den Schall mit
seine Frage an sich selbst

Das Wiederholte wird sicher
das Wiederholte wird ungewiß

Wegen dieser Ungewißheit
die anfängt wo das Wort aufhört
müssen die Worte gesagt sein
muß ich die Worte sagen

LINKE KOPFHÄLFTE

In dieser kleinen Halbkugel
auf der mein Haar grau wird
wohnen die Wörter
dies Wörternest

Meine Hand
nimmt das Nest in die Hand

Die rechte sagt man
ist leer von Worten

Auslauf für das unbenutzte
Vokabular
der Erinnerung

LEKTÜRE

Durch ein großes Tor
ziehn die Bücher in mich ein
sie zahlen etwas
bei ihrem Eintritt
sie geben etwas ab
bei meiner unsichtbaren Garderobiere

Das Theater
in das sie eintreten
ist dunkel
ich selber stehe am Eingang
die die ich liebe
ich weiß nicht wie sie herauskamen

kommen immer von neuem

ÜBERFAHRT

Meiner Mutter

Ein Kind
das macht die Ferne
es hat lockeres weißes Haar
es trägt ein schwarzes Kleid
es ist kein Kind
es steht in einem Boot
mir abgewandt
es hebt die Arme –
nicht zu mir –
auf der andern Seite ist Land

Ich sehe nur den Rand dieses Boots
und die seit immer bekannte
leichte
Drehung des Kopfs

ÄLTER WERDEN
Antwort an Christa Wolf

»Du weinst um das Nachlassen … und, so unglaublich es sein mag, den unvermeidlichen Verfall der Sehnsucht.«

(›Kindheitsmuster‹)

I

Die Sehnsucht
nach Gerechtigkeit
nimmt nicht ab
Aber die Hoffnung

Die Sehnsucht
nach Frieden
nicht
Aber die Hoffnung

Die Sehnsucht nach Sonne
nicht
täglich kann das Licht kommen
durchkommen

Das Licht ist immer da
eine Flugzeugfahrt reicht
zur Gewißheit

Aber die Liebe

der Tode und Auferstehungen fähig

wie wir selbst
und wie wir

der Schonung bedürftig

2
Gegen die Angst vor dem Mitmensch
»Der Mensch ist dem Menschen ein Gott«
das Veronal in der Tasche

3
Hand in Hand mit der Sprache
bis zuletzt

MAUERN SORTIEREND

Mauern sortierend

Kataloge von Blumenzwiebeln
Stoffmuster
Muster
von Mauern.

Die chinesische Mauer
aus Porzellan.
Mauern von Avila
ihre Tore
die kleinen Hufe der Getreideesel.

Die türelosen Mauern
für Hektor
und die Paßlosen.
Gartenmauern.
Mauern aus Menschenfleisch.

Mutter
Mauer
zwischen Geschwistern
jeder auf seiner Seite
Berlin

Unsichtbare Mauer
steiler
härter
länger

die Mauer aus Rücken

VATERLÄNDER

Soviel Vaterländer wie der Mensch hat
vaterlandslos
heimatlos
jede neue Vertreibung
ein neues Land macht die Arme auf
mehr oder weniger
die Arme der Paßkontrolle
und dann die Menschen
immer sind welche da
die Arme öffnen
eine Gymnastik

in diesem Jahrhundert
der Füße der Arme
unordentlicher Gebrauch unserer Glieder
irgend etwas ist immer da
das sich zu lieben lohnt
irgend etwas ist nie da

Alle diese Länder haben Grenzen
gegen Nachbarländer

DER ÜBERNÄCHSTE KRIEG

Ich habe keine Arme
Meine Hände sind an meine Schultern geheftet
wie Flügel
vielleicht sollte ich ein Vogel werden
aber ich fliege nicht
vielleicht ein Mensch
ich töte nicht
und ich brauche euch nicht zu umarmen
ihr Töter
deren Hand den Stein wirft
von Anbeginn
nur die Schleuder hat sich verändert

Der übernächste Krieg
sagte Einstein
wird wieder mit Pfeil und Bogen geführt
der übernächste Kühlschrank
wird wieder ein Tonkrug
mit Regenwasser sein

Bis dahin
für die Unangepaßten der Welt
vielleicht noch der Mond
als universales KZ

AUSBRUCH VON HIER

Für Paul Celan, Peter Szondi, Jean Améry,
die nicht weiterleben wollten

Das Seil
nach Häftlingsart aus Bettüchern geknüpft
die Bettücher auf denen ich geweint habe
ich winde es um mich
Taucherseil
um meinen Leib
ich springe ab
ich tauche
weg vom Tag
hindurch
tauche ich auf
auf der andern Seite der Erde
Dort will ich
freier atmen
dort will ich ein Alphabet erfinden
von tätigen Buchstaben

TOKAIDOEXPRESS

Für meine Verlegerin Monika Schoeller

Wie ein Tokaidoexpreß
sind wir durch die Geschichte gefahren
und kaum noch zu sehen
Ich rede in der Vergangenheitsform
während ich atme sehe ich mir nach
ich bin das Rücklicht
Als Rücklicht
leuchte ich vor euch her
euch Dichtern eines vielleicht zweifachen
Zuhauses
des Bodens auf dem ihr bleiben dürft
euer Land wird immer größer werden
wenn die Erdoberfläche sich zusammenzieht
und die Grenzen zurückweichen
unter den Flügeln der Menschen
ihr könnt gehen und doch bleiben
und im Worte wohnen
vielleicht im Worte vieler Sprachen zugleich
doch im deutschen zuerst
im deutschen
an dem wir uns festhielten
Ich der letzte
kämpfe für euch alle
um den Stempel in diesem Paß
um unsern Wohnsitz im deutschen
Wort

ES GIBT DICH

Dein Ort ist
wo Augen dich ansehn
Wo sich die Augen treffen
entstehst du

Von einem Ruf gehalten
immer die gleiche Stimme,
es scheint nur eine zu geben
mit der alle rufen

Du fielest
aber du fällst nicht
Augen fangen dich auf

Es gibt dich
weil Augen dich wollen
dich ansehn und sagen
daß es dich gibt

ANTWORT

Für E.W.P.

Um uns bis an die Zimmerdecke
sitzt die Welt
die Jahrhunderte auf den Regalen
ich frage dich oder du fragst
die Jahrhunderte spitzen die Ohren
Tiere im Zirkus
Ein Wink und sie springen
gehorsam geben sie Antwort

Alles was gelebt hat
was leben wird
antwortet dir
du antwortest mir
ringsum nicken sie uns zu
weil du da bist
und alle kennst
da ist keiner tot der gelebt hat
solange du bei mir bist

GESAMMELTE GEDICHTE

1987

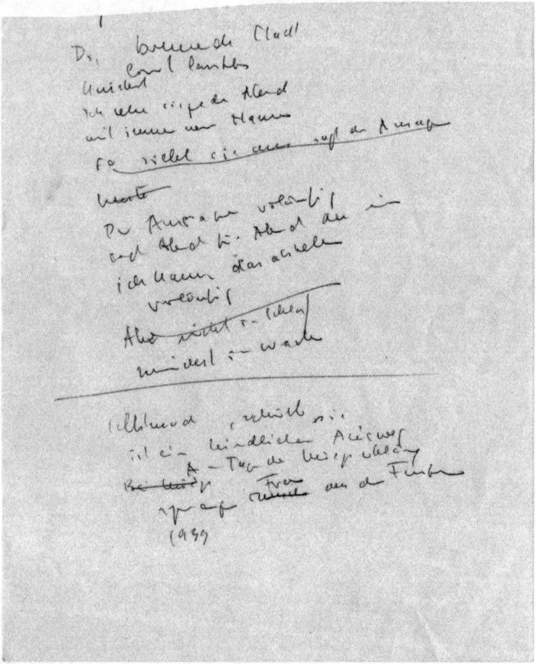
Dr., brennende Stadt
Carl Sandburg
Unsicher
Ich sehe jeden Abend
mit immer neuem Staunen
~~Es sickert ein aus auf den Aussagen~~
~~Warte~~
Die Aussagen vollständig in
auf Abend für Abend an
ich kann daraus sehen
vollständig
Aber ~~nicht zu lesen~~
unwissend zu warten
Ablesend erscheint mir
ist ein kindlicher Ausweg
A-Tag der Kriegserklärung
~~Bei [illegible]~~g Frau ~~[illegible]~~ an der Fenstern
[illegible]
1939

AUSSAAT

In das Blumenbeet
meiner Hüften
will ich deine Augen säen
ehe die goldenen Blätter
fallen und uns zudecken.

Damit sie im Frühling
mit den Narzissen und Hyazinthen
die neuen Lider öffnen.

AUF DER TERRASSE

Das Meer, perlensanft gerieft
und silbern wie Taubenflügel,
kommt von weit
auf mich zu und leckt mich
mit winzigen Wellen
wieder und wieder
und läßt nicht nach
als sei ich sein Junges.
Seine zarte Zunge
auf meinen Augen,
unermüdlich
vor dem weißen Himmel,
hypnotisiert mich
durch das Glas der Terrasse hindurch
mit dem schimmernden Streicheln,
bis es mich anbindet

mit hängenden Armen
auf meinem Stuhl
und vor mir
die Schreibmaschine
verwaist.

MÄHER

Glanz, der nicht ruht, Klinge
in weitem Bogen geführt,
Sichel aus Sonne.

Ich liege da wie die Wiese
und spüre dein Messer,
Mäher,
unaufhaltsam und kalt,
wie es naht.

Und alle Blumen
erschrecken
auf meinem Herzen.

AUF WELCH VERLÄSSLICHEN STERN?

> What will I do gin my Hoggie* die,
> my joy, my pride, my hoggie?
> My only beast …
>
> ROBERT BURNS (1788)

Das kleine schwarze Schaf
das stößige
mit der weißen Locke
und den zärtlichen Augen,
wo führ ich es hin, wo schließ ich es weg,
in welch sicheren Stall,
mein kleines schwarzes Schaf,
mein einziges Schaf,
wenn die Gefahr kommt,
die furchtbare Pest
die alle Herden verseucht?

Schon öffnen sie die Gräben
für das große Sterben
und halten die Fackeln bereit
für das Verbrennen der Leichen.
Ich armer hilfloser
Hirte,
mein Schäfchen mit den zärtlichen Augen,
auf welche Alm,
auf welch verläßlichen Stern
mit guten Kräutern
rett ich es hin?

Denn Gott gab mir das Schaf,
das stößige kleine Schaf
mit den zärtlichen Augen,
und sagte: »Hier hast du dein Schaf,

ein lebendiges Schaf
für die grünen Weiden des Herzens.
Du darfst mit ihm spielen.
Du bist nicht mehr allein.
Doch Eines erwart ich von dir
in diesem Leben – nichts sonst:
paß mir gut auf auf mein Schaf.«

* Schottisch: *Schäfchen*

DIE MAUERN SANKEN

auf den toskanischen Hügeln,
die goldnen Trompeten
schwiegen.
Unwiderruflich
andere Landschaft.

IM TOR SCHON

Im Tor schon
hobst du den Blick.
Wir sahen uns an.

Eine große Blüte stieg
leuchtend blaß
aus meinem Herzen.

WIE TRAG ICHS

Wie trag ichs,
im vollen Süden
deines Gefühls gewachsen,
daß du im Zwielicht
ganz wie ein Kranker
mir schweigend dein Herz bringst,
dies mein eigenstes Eigen,
als sei es gestohlenes Gut.

JAGD

Ich bin dein Jagdtier.
Du bist der Jäger.
Jage mich
und lasse nicht einen
von deiner Meute zuhaus.
Befiehl daß die Hörner blasen
damit wir erfahren
was für ein Wild
aus dem Gebüsch tritt.

STUNDENBUCH DES DUC DE BERRY
Juli – August

Meine Ähren werden gemäht
und meine Widder geschoren,
wo deine Falken fliegen
zur heiteren Jagd.

Mein helles Schloß
weithin sichtbar im Tag.
Wie vertraulich die Geste
seiner offenen Tore!

Leicht wird die Jagd
wo das willige Wild
in den Jäger verliebt
sich zum Tod stellt.

DEMUT

Demut ist wie ein Brunnen.
Man fällt und fällt
in den bodenlosen Schacht
und aller Trost wird
stetig teurer.

ZIKKURAT

Wir steigen die Kreise der Treppe
in unserm Turm
Hand in Hand.

Die Luft verdünnt sich,
kaum noch ein Vorhang
zwischen den Herzen.
Nur sonnige Luken
von Zeit zu Zeit
auf die alte Landschaft.

Bei unserem Eintritt
in jeden Zirkel
streust du mir Salz
in die offene Wunde
und lächelst
und küßt mich.

So steigen wir zärtlich,
ich weinend,
zur letzten Plattform

Abschied der Taube
und Ikarusflug.

SPINDEL

Ich
eine große goldene
Spindel im Blau
schwebend ohne Gewicht

wie ein Löwenzahnsamen
oder als sei der Himmel
das Meer
und trage mich
leuchtend
auf seinem Scheitel.

Jedes Ding
das du anrührst
und sei es der Apfel bei Tisch
von meinen goldenen Fäden
so übersponnen
wie der Globus von Graden.

Ich das Blatt
am trockenen Ast
eines unsichtbaren Baums
das sich im Wind dreht.

WIE ERZ IN STEIN VERSPRENGT

Wie Erz in Stein versprengt
Schicht nach Schicht
meine Adern.

Du kannst es nicht abtragen.
Das Dynamit Angst
ändert nichts.

Solange du Berg bist
lieg ich in dir
und leuchte.

MEXIKANISCH

Ist der Liebende
mehr
als ein Tänzer
vor der Puppe des Herzens,
berauscht
vom Sommergeruch
der eigenen Hingabe?

Das Gegenüber
lächelt
durch Nebel.

Besteigt es die Bühne,
wird es eins
mit dem Tänzer
oder verlangt es,
wie ein mexikanischer Gott,
das festliche Herz
auf dem Teller?

TAGE DER HEIMSUCHUNG

Wie man ein Kind zum Knieen zwingt
auf dem großen Reibeisen
und ihm einen Stein auf den Kopf legt
damit der Schmerz ganz nah sei
oder es an den Balken der Hütte bindet
und ein Feuer aus Maisblättern macht
und ihm die kleinen Füße versengt,
so strafst du mich grausam

als der Tisch schon
zum Feste gedeckt war. Und ich,
ein Genesender,
die Schuppen der Narben verlor.

Ach, ich möchte hinausgehen
und mich auf die Wiese legen
mit offenen Adern
und der Regen
stark wie ein Zug
soll über mich wegfahren
und mich so weiß machen
wie ein leeres Flußbett
oder die Anemonen
auf meiner Mutter Grab.

RATLOSER ABEND

Wie kann ich dich auf den Arm nehmen
und über den Strom tragen
als sei ich der heilige Christopher
und es wichen die Wasser vor mir?

Ich, die ich die Schwere des Abends
nicht heben kann
wenn die Liebe auf meinen Brüsten glänzt
indiskret wie ein Schrei aus Jasmin
der die Leute auf der Straße verstört.

HARTE FREMDE HÄNDE

Harte fremde Hände
sollen über mich fahren
wie Pflüge
und deine Wurzeln zerreißen.
Ich will meinen Körper einreiben
mit fremdem Schweiß
wie mit einer beizenden Salbe
daß alle Poren vergessen
wie du riechst.
Haare ohne Namen
sollen auf meiner Haut liegen
wie Tannennadeln auf dem Waldboden,
andere Lippen die Augen küssen
die für dich weinen.

Und meine Seele, die dich sucht
so natürlich
wie abends ein Vogel über das Meer fliegt,
verliert die Richtung
und kommt
nie wieder an Land.

›PÍCARA‹

Ich war der reife Apfel
der fast auf den Boden hängt.
Du brauchtest keinen Finger zu rühren.
Ich sagte: »Öffne deinen Mund
und iß mich.«

Das war in der Schlaraffensaison,
wo die gesottenen Hühner und Enten
mit Messer und Gabel im Rücken
nach deinem Versprechen verlangten
daß du sie zu verspeisen geruhst.

Jetzt bin ich die kleine grüne Frucht
auf dem obersten Zweig
wo der frische Wind bläst.
Die Tauben gurren auf den Dächern
ganz ungebraten.

Und das verschmähte Menü
muß gereift und gepflückt
gefangen und gerupft werden,
wenn und soweit du's
zu locken zu fangen zu reifen zu pflücken
zu rupfen zu braten verstehst.

VOGELSCHWINGEN

Goldne und silberne Ampeln
die Regentropfen
auf jedem Grashalm.
Verweintes Wiesengesicht
leuchtend in Sonne.

Stille Kreise des Vogels,
rostbraune Schwingen,
so sanft im Himmel,
wie Liebe mit Liebe
im Gleichgewicht
in meinem Herzen.

DAS KLEINE ROTE BAND

Versengter Geruch meiner Hand,
ich bins nicht.
Weißes Haar auf dem Hals,
nicht du.

Aber ein einziger Schnitt und
auf dem kleinen roten Band,
das nicht wir sind,

fährt das Unsere hinaus
wie eine Schnur von Schleppkähnen
rheinabwärts.

Alles verläßt uns
auf dem kleinen roten Band,
das nicht wir sind.

Der feuchte Fleck
wie vergossenes Öl
oder verschütteter Wein,
waren wirs?

NOTRUFER

In mir ist immer
Abschied:
Wie ein Ertrinkender
dessen Kleider
von Meerwasser schwer sind
seine letzte Liebe
einer kleinen Wolke schenkt.

In mir ist immer
Glaube,
als sei das goldene Seil
wer es auch auswirft
dem Notrufer
heilig
geschuldet.

FÜRCHTE DICH NICHT

Die Rose sagt:
Fürchte dich nicht
meine Blätter sind heute
ganz stabil.
Kein Windstoß wird mich
vor deinen Augen
entblößen.

Der Baum
atmet Vertrauen
und will daß ich mich anlehne.
Er sei bestimmt
nicht angehackt.

Das Vogelei
auf der Astgabel
hält das Versprechen
der kleinen weißen Balance.
Es ruht stille im Wind
bis den bangen Augen im Dotter
ein Federbalg wächst,

der auf den Zweig fliegt
und singt.

RÜCKEN

Der Rücken des Geliebten am Fenster
steil
vor den Rücken
der Wabentürme New Yorks.
Stadt der einsamsten Bienen
gärend
von ungefragtem Honig.
Rücken aus Fremde.

ZWEIFEL

Lieb ich einen andern
als dich
und den dein Umriß
fast ganz verdeckt?
Einen der deine
Augen hat und deinen
weichen Mund,
der so blaß ist wie du
und so fern und verträumt,
so zärtlich wie eine Vogelfeder,
einen der gibt und nimmt
wie du, als du noch
an Wunder
glaubtest.

SIGNAL

Eine Möwe
rosa im Abendlicht
helles Signal über der Bucht.
Wir sehen uns an.

Die Gräser geben sich
zärtliche Zeichen
im Wind.
Sind wir deutlicher?

Alle weißen Blüten
saugen einen Vorrat von Sonne
gegen die Nacht.

Aber wir?

DER FRÜHLING EIN RIESIGER SPECHT

Der Frühling
ein riesiger Specht
hat alle Bäume verwundet.
Quellende Schnittflächen leuchten
wo das dunkle Skelett
auf die blaue Wirklichkeit trifft.

Und wie ich hinaufsehe
und du
geliebte Wunde
schmerzt und quillst,
erscheint auf dem Blau
atembestürzend
ein blutroter Fleck

nicht größer als eine Hand
und ich weiß nicht
ist es mein Herz
oder ein Kardinal
der hoch in den Zweigen sitzt
und singt.

HECKENROSE

Mir träumte ich sei eine Heckenrose
mit blassen Blättern
über dem engen Kelch.
Du gingst vorbei.
Da war ich eine Hagebutte,
bunt und voll Samen.

Ich träumte von einem gepflügten Feld,
du wie quellendes Korn
in der Furche.

Doch wie ich erwachte
da war mein Leib
kaum gewölbt
und unsere Stimmen
leichter als Wind
der mit dem Laub einer Birke spielt.

ÄGYPTISCHES GRABMAL

Hast du im Leben
den Arm so bewahrend
um sie gelegt,
toter Ägypter?
Hat sie sich an dich geschmiegt
und deine Hüfte umfaßt
wie einen Baum?
Nahm sie hin
was du ihr gabst
und verstandst du zu geben?

Oder hat sie oft
die geschwollenen Augen
mit Nilwasser und Salben gekühlt
ehe die Gäste kamen?
Und war es ein glücklicher Kuß,
toter Ägypter,
oder ein schuldiger
als du so zärtlich ihr Schutz versprachst
für die Jahrtausende
nach ihrem Tod?

MAGIE
(Wen es trifft – Erster Teil)

Aber der Mensch
ist des Menschen
bangste Begegnung.

Der Mensch
der im Zwielicht
auf uns zukommt
allein
oder mit einer Gruppe
von Unbekannten
oder der den gleichen Weg geht
aber zu schnell
oder zu zögernd,
der Mensch der nicht mittut
macht sich verdächtig.

Mit ihm
werden alle Dämme gestopft.
Jedes baufällige Haus
wird mit ihm repariert
als sei er der lebendige Stein
der, genug gedehnt
oder genug gepreßt,
jegliche Bresche füllt
und stärker als Zeit ist.
So wird er gepreßt und gedehnt
bis er in Trance verfällt
wie ein Neger beim Voudou,
als bräche
aus seiner gemarterten Brust
ein helles Orakel,
authentisch,
heilend,
ein Strom von Penicillin
gegen Angst und Verrat.

FRANZÖSISCHER GOBELIN

Ach Liebster verzeih
daß meine Augen so blau sind,
sie sind nur ein zärtlicher Spiegel
für deine braunen.
Vergib meine strahlende Weiße,
sie ist nur dein hellstes Bett.
Der Falke meines Verstands
fliegt für dich auf die Jagd.
Sieh, alle meine Tiere
sind so bescheiden zu Diensten
als wären sie in den Teppich
zu deinen Füßen gewebt.

TRÖSTUNG

Das blasse
beschädigte Herz
wird aufgenommen
und in die frühe Sonne gelegt
auf den Brustfedern
kleiner Vögel.
Morgenlotionen
aus Blau
werden täglich erneut
bis die Tränenkrusten
weggeschwemmt sind
und das Herz
schwer wird von Süße
wie eine gezuckerte Frucht.

Dann wird es eingepflanzt
wie Saatkorn aus Gräbern
in die schmerzende Furche
und die Wunde wird mit dem Speichel
sanfter Küsse verheilt.
Und das Korn
totes Glück
schlägt Wurzel und keimt.
Alle Adern schmecken danach
bis meine Fingerspitzen
rosig sind
wie die eines Kinds.

WEN ES TRIFFT

Wen es trifft,
der wird aufgehoben
wie von einem riesigen Kran
und abgesetzt
wo nichts mehr gilt,
wo keine Straße
von Gestern nach Morgen führt.
Die Knöpfe, der Schmuck und die Farbe
werden wie mit Besen
von seinen Kleidern gekehrt.
Dann wird er entblößt
und ausgestellt.
Feindliche Hände
betasten die Hüften.
Er wird unter Druck
in Tränen gekocht

bis das Fleisch
auf den Knochen weich wird
wie in den langsamen Küchen der Zeit.
Er wird durch die feinsten
Siebe des Schmerzes gepreßt
und durch die unbarmherzigen
Tücher geseiht,
die nichts durchlassen
und auf denen das letzte Korn
Selbstgefühl
zurückbleibt.
So wird er ausgesucht
und bestraft
und muß den Staub essen
auf allen Landstraßen des Betrugs
von den Sohlen aller Enttäuschten,
und weil Herbst ist
soll sein Blut
die großen Weinreben düngen
und gegen den Frost feien.

Manchmal jedoch
wenn er Glück hat,
aber durch kein kennbares
Verdienst,
so wie er nicht ausgesetzt ist
für eine wißbare Schuld,
sondern ganz einfach weil er zur Hand war,
wird er
von der unbekannten
allmächtigen Instanz
begnadigt
solange noch Zeit ist.

Dann wird er wiederentdeckt
wie ein verlorener Kontinent
oder ein Kruzifix
nach dem Luftangriff
im verschütteten Keller.
Es ist als würde eine Weiche gestellt:
sein Nirgendwo
wird angekoppelt
an die alte Landschaft,
wie man einen Wagen
von einem toten Geleis
an einen Zug schiebt.
Unter dem regenbogenen Tor
erkennt ihn und öffnet die Arme
zu seinem Empfang
ein zärtliches Gestern
an einem bestimmbaren Tag des Kalenders,
der dick ist mit Zukunft.

Keine Katze mit sieben Leben,
keine Eidechse und kein Seestern,
denen das verlorene Glied
nachwächst,
kein zerschnittener Wurm
ist so zäh wie der Mensch,
den man in die Sonne
von Liebe und Hoffnung legt.
Mit den Brandmalen auf seinem Körper
und den Narben der Wunden
verblaßt ihm die Angst.
Sein entlaubter
Freudenbaum
treibt neue Knospen,

selbst die Rinde des Vertrauens
wächst langsam nach.
Er gewöhnt sich an das veränderte
gepflügte Bild
in den Spiegeln,
er ölt seine Haut
und bezieht den vorwitzigen
Knochenmann
mit einer neuen Lage von Fett,
bis er für alle
nicht mehr fremd riecht.
Und ganz unmerklich,
vielleicht an einem Feiertag
oder an einem Geburtstag,
sitzt er nicht mehr
nur auf dem Rande
des gebotenen Stuhls,
als sei es zur Flucht
oder als habe das Möbel
wurmstichige Beine,
sondern er sitzt
mit den Seinen am Tisch
und ist zuhause
und beinah
sicher
und freut sich
der Geschenke
und liebt das Geliehene
mehr als einen Besitz,
und jeder Tag
ist für ihn
überraschendes Hier,
so leuchtend leicht

und klar begrenzt
wie die Spanne
zwischen den ausgebreiteten
Schwungfedern
eines gleitenden Vogels.

Die furchtbare Pause
der Prüfung
sinkt ein.
Die Schlagbäume
an allen Grenzen
werden wieder ins Helle verrückt.
Aber die Substanz
des Ich
ist so anders
wie das Metall, das aus dem Hochofen kommt.
Oder als wär er
aus dem zehnten oder zwanzigsten Stock
– der Unterschied ist gering
beim Salto mortale
ohne Netz –
auf seine Füße gefallen
mitten auf Times Square
und mit knapper Not
vor dem Wechsel des roten Lichts
den Schnauzen der Autos entkommen.
Doch eine gewisse Leichtigkeit
ist ihm
wie einem Vogel
geblieben.

*

Du aber
der Du ihm
auf jeder Straße begegnest,
der Du mit ihm
das Brot brichst,
bücke Dich und streichle,
ohne es zu knicken,
das zarte Moos am Boden
oder ein kleines Tier,
ohne daß es zuckt
vor Deiner Hand.
Lege sie schützend
auf den Kopf eines Kinds,
lasse sie küssen
von dem zärtlichen Mund
der Geliebten,
oder halte sie
wie unter einen Kranen
unter das fließende Gold
der Nachmittagssonne,
damit sie transparent wird
und gänzlich untauglich
zu jedem Handgriff
beim Bau
von Stacheldrahthöllen,
öffentlichen
oder intimen,
und damit sie nie,
wenn die Panik
ihre schlimmen Waffen verteilt,
»Hier« ruft,
und nie
die große eiserne

Rute zu halten bekommt,
die durch die andere Form
hindurchfährt
wie durch Schaum.
Und daß sie Dir nie,
an keinem Abend,
nach Hause kommt
wie ein Jagdhund
mit einem Fasan
oder einem kleinen Hasen
als Beute seines Instinkts
und Dir die Haut
eines Du
auf den Tisch legt.

Damit,
wenn am letzten Tag
sie vor Dir
auf der Bettdecke liegt,
wie eine blasse Blume
so matt
aber nicht ganz so leicht
und nicht ganz so rein,
sondern wie eine Menschenhand,
die befleckt
und gewaschen wird
und wieder befleckt,
Du ihr dankst
und sagst
Lebe wohl,
meine Hand.
Du warst ein liebendes
Glied
zwischen mir und der Welt.

TRAUMSTAUB

Welch eine Kelter
die zarte Hand
die dich kaum mit den Fingerspitzen berührt.
Das Herz zergeht,
es bleibt nur ein wenig Glanz,
schimmernder Staub
von einem goldenen Traum
in der Presse.

WORTE

Worte sind reife Granatäpfel,
sie fallen zur Erde
und öffnen sich.
Es wird alles Innre nach außen gekehrt,
die Frucht stellt ihr Geheimnis bloß
und zeigt ihren Samen,
ein neues Geheimnis.

GEFÄHRLICHER LÖFFEL

Du ißt die Erinnerung
mit dem Löffel des Vergessens.

Das ist ein böser Löffel, mit dem du ißt,
ein Löffel der Speise und Esser verzehrt,

Bis eine Schale aus Schatten
dir übrig bleibt
in einer Schattenhand.

GEFÄNGNIS

Die Sprache ist voller Worte
die du gebraucht hast.
Täglich
benutze ich deine Worte
als sei ich ein Sträfling
und hätte nur diesen Becher
und diesen Teller.

VERSÖHNUNG

Erst sah ich weiße Fahnen
und wurde blaß, ich mag nicht siegen.
Doch dann glitten deine Tauben herüber,
so sanft
schicktest du die weißen Tauben
von dir zu mir,
Taube um Taube,
ich atmete kaum,
das Zimmer war weiß von ihnen.
Ich hielt die Hände hin:
schneeflockenfeucht von deinen
Tränen
tranken sie meine Tränen.

NICHTS GESCHIEHT

Das Messer das dich verletzt
ohne daß die Hand eines Menschen
es hält
– nichts ist geschehen –
läßt eine unheilbare Wunde.

Die Kerze die du entzündest
ohne das Bild der Maria
um etwas zu bitten
– nichts geschieht –
hilft dir zu leben.

ZENTIMETER

Die Zentimeter unserer Schüchternheit.
Ich liege im Bett und weine
und zähle die Zentimeter
wie Perlen an einem Rosenkranz,
zwanzig dreißig Zentimeter.

Ich hielt den Kopf gesenkt.
Dein Mund traf auf mein Haar statt
auf meinen Mund
wegen zwanzig dreißig Grad
die ich den Kopf nicht hob.

Wieviele Tränen
am Tage danach
für diese zwanzig dreißig
Zentimeter
zwischen zwei Körpern.

KINDERGESPRÄCH

Ich redete gerne mit dir
von heute
als seien wir alt,
als seien viele Jahre verflossen
seit dem Tag von dem wir reden.
Seit jetzt.

Wir lägen im Dunkel
sehr weit voneinander
und wären nur Stimmen
wie Kinder die vor dem Einschlafen
sich etwas erzählen
oder ein Lied singen.

Wir reden lächelnd,
mit kleinem Atem,
beinahe schweigend,
von den dunkeln Ufern
des Zimmers
und der Zeit zwischen heute und dann.

Und wenn mit dem Licht das Jetzt zurückkommt
ist es lange vergangen
und tut nicht mehr weh,
fern und beschützt wie ein Kindheitserlebnis:
niemand kann es uns nehmen
– aber wir haben es nicht.

ANGLER

Das Zimmer ist offen.
Es fehlt eine Wand,
wir sitzen in der Ecke
eines großen leeren Raums.
In einer hellen Ecke
bei einer Lampe
in unserem offenen
Zimmer.

Draußen im Dunkel
sitzt du wie ein Fischer
an einem fernen Ufer.
Ich am Grunde des Stroms.
Wenn du dich rührst
oder ich mich rühre,
zieht die Leine an
und der Haken schmerzt.

TRAUM IM WINTER

Du beugtest dich aus dem Fenster,
ein Haus von südlichem Weiß.
Mein Bett war auf offener Straße,
ich weiß nicht, wie es war.
Du glittst die Mauer herunter,
eidechsenartig,
und leicht wie ein Kind.
Das war die Nacht eh ich abfuhr.
Ich konnte nicht fahren und fuhr.

Als ich weinte, da wandte der Zug
den Kopf zurück wie ein Pferd.

HAUSSCHLÜSSEL

Wir halten sie fest
diese Schlüssel,
wir reisen mit ihnen,
wir Ausgewiesenen,
auch wir.

Das Herz, deine alte
Wohnung,
hat hellerleuchtete Fenster,
die Gesichter drinnen
sind fremd.

Nur im Traum
könntest du eintreten
mit diesen Schlüsseln
die im Wachen so schwer
in den Händen wiegen.

SPÄTSOMMER

Da du die Zeitung liest
sehe ich das Gras an,
grünes neues Gras
unter dem gelben.

Wenn du sehr liebst,
werden die Haare wieder dunkel.
Wenn du sehr liebst,
werden die Haare weiß.

STIERKAMPF

Das ungleiche Spiel ist zu Ende.

Es wird nach den genauesten Regeln
unter dem Beifall der Kenner
öffentlich
und doch staunend
und allein mit dem Tod
gestorben.

Goldener Sand wird sofort
über Blut und Leiden gedeckt.
Die Musik spielt einen Marsch
und das dunkle Gespann
mit den wehenden Fähnchen
öffnet
endlich, zu spät,
einen Weg aus dem quälenden
Rund der Arena.

Mauerringe von Mädchen
in weißen Kleidern
sehen dem Tod
lüstern mit zu und träumen sich,
Sonnenblumenkerne im Mund,
in die Arme des Töters.

FRAGMENT

Ein jeder geht eingehüllt
in den Traum von sich selber.
In manchen Träumen ist Raum
für den Zweiten
wie in einem Doppelbett.
Fast in allen.

WEGE

Veilchen säumen den Weg,
Augen von Erdbeerblüten,
Maiglöckchen.
Der Kuckuck begleitet mich
Ruf um Ruf
auf einem Weg
der nicht der meine ist.
Ein blumenbestandener,
nur nicht der meine.
Nie hab ich die andern
so darauf angesehn
ob der Weg unter ihren Füßen
der ihre ist.

NUR DER EIGENSINNIGE

Das Rot der sterbenden Tulpe
nicht zu ersetzen,
in diesem Jahre
nicht zu ersetzen.
Ich gebe meiner Trauer Namen,
es gibt immer neue Blumen,
andere.
Niemand braucht einsam sein,
wenn die Wiesen so voller Blumen
und die Straßen voll Menschen sind.

Dieses Lächeln, nicht jenes?
Lächeln hat etwas Ähnliches,
rosa und weiß,
Muskel der Zärtlichkeit
auf den Gesichtern.
Diese Art sich weh zu tun,
diese eine,
den Dorn im Herzen zu drehen?
Wo die Rosen so voller Dornen
und die Straßen voll Menschen sind.

Nur der Eigensinnige
braucht einsam sein.

SPIEGELGEDICHTE

1
IDENTITÄT

Wer will nicht im Spiegel
heute
das Gesicht von gestern sehen.
Wie beständig die vergänglichen Dinge,
eine Mütze oder eine Uhr,
die du wiedererkennst.
Du mußt es sein, die diese Mütze trägt,
und wirklich, du bists.
Du findest dich wieder
an der Farbe
einer Baskenmütze.

2
NICHT ANGESEILT

Für dich sind die Stunden
lauter Stufen mit Geländer,
dir kann nichts geschehn,
du wie alle
angeseilt an einen Zweck
keiner bleibt stehen.

Nur ich
bringe die Zeit hin
vor meinem Spiegel,
weggewandt,
mich vor dem fremden Gesicht
zu fürchten.

3
TAPFERKEIT

In den Spiegeln
auf den Hoteltreppen
unser wechselndes Bild.
Immer die Geste der Tapferkeit,
das zuversichtliche
Wippen des Rocks.
Halte dich gerade.
»Die Krankheit«,
sagt man dem Kranken,
»trägt sich leichter,
wenn du dich gut frisierst.«

LANDEN DÜRFEN

Ich nannte mich
ich selber rief mich
mit dem Namen einer Insel.

Es ist der Name eines Sonntags
einer geträumten Insel.
Kolumbus erfand die Insel
an einem Weihnachtssonntag.

Sie war eine Küste
etwas zum Landen
man kann sie betreten
die Nachtigallen singen an Weihnachten dort.

Nennen Sie sich, sagte einer
als ich in Europa an Land ging,
mit dem Namen Ihrer Insel.

ABFAHRT AUS SPANIEN

Ich liebe dies kahle Land
und will nichts haben.

Nur die Zeit
um mit der Zeit
allein zu sein.

Und einer Wolke zuzusehen
oder dem Blässerwerden
des Abends.

Mit der Sehnsucht von immer
und der Angst
von heute.

WAS FÜR EIN ZEICHEN MACHE ICH ÜBER DIE TÜR

Was für ein Zeichen
mache ich über die Tür
um bleiben zu dürfen?

Das Jahr im Laufschritt
die Luft voller Pollen
die Rebe macht Herbst.

Wir haben die Prüfung bestanden
das Haus gebaut
wir können gehen.

Überall
legen wir Blumen aufs Wasser
den Toten
die nicht in der Erde ruhn.

VERSPRECHEN AN EINE TAUBE

Taube,
ich suchte einen Tisch
da fand ich
dich,
Taube,
auf dem Rücken liegend
die rosa Füße an den hellen Leib gepreßt
abgestürzt
aus dem Licht,
Botin,
in einen Trödelladen.

Taube,
wenn mein Haus verbrennt
wenn ich wieder verstoßen werde
wenn ich alles verliere
dich nehme ich mit,
Taube aus wurmstichigem Holz,
wegen des sanften Schwungs
deines einzigen
ungebrochenen
Flügels.

SCHLAFLIED

Die Drosseln rufen schon süß:
Nachtigall
schlafe ein.

Ein Tropfen Äther
Nachtigall
und wir schlafen.

Die blühenden Bäume
verlieren die Blüten nicht mehr
in dem ewigen Morgen.

IN DER HÖHLE DES POLYPHEM

Der blinde Riese greift wieder nach mir.
Seine Hand zählt die Schafe.

Fortgehn schon wieder
unter dem Bauch des Widders.
Schon einmal
unter der zählenden Hand.

Die fortgehn
lassen alles zurück
die fortgehn
unter der zählenden Hand.

Die fliehen
vor dem Riesen
nehmen nichts mit
als die Flucht.

KALENDER

1
Grüne Pfennige
zittern
an den Birken.
Die Bäume binden sich kleine Wolken vor.
Die Vögel so aufgeregt
mit bebenden Kehlen.
Wer hier geblieben wäre
könnte das Leben
nach den Kastanienblüten zählen.

2
Die geprügelten Tage
die so zutraulich begannen.

Schon hängen die Früchte ins Fenster.
Gestern
die Dolden.

Einer
deiner Sommer.

3
Der Schmerz steigt wie ein großer Nebel hoch
und löscht
die Ränder der Jahre.

BEDROHUNG

Eine unordentliche Reihe von Tagen
steht Schlange vor meiner Tür
Gläubiger
so weit ich sehe
alle wollen etwas von mir
jeder mit seinem Aufgabenzettel
schon heute
für das Morgen fordernd.

Ich schließe mich ein
mit dem Tag
mit der Stunde
mit dieser kurzen
ewigen Minute.
Krampfhafte Umarmung
der schon gekündigten
Wände mit den gelben Gardinen.

Wenn ich nur bleiben dürfte
in dieser Minute
dieser leergeträufelten
infamen Minute
die kaum sich selber enthält.

Die Tage draußen
sagen laut
was sie verlangen.

Abnehmen wollen sie mir
Tauschgeschäft nach Tauschgeschäft
und versprechen nichts.

IN DIE HAND EINES BLATTS GELEGT

In die Hand eines Blatts gelegt
es faltet sich
eine grüne Zelle
für diesen rufenden Trappisten
ein grüner Sarg
ins Blau gehängt
für diesen zutraulichen Fremden
für den ein Haus
ein Spielzeug ist
ein Blatt
eine Wohnung.

Nein
nur eine Hand
wäre ein Bett.

ZWEI TÜREN

Nur zwei Türen
sind verriegelt.
Alle andern laden dich ein
und öffnen dem leisesten
Druck deiner Neugier.

Nur diese Türen sind
so hart zu öffnen
daß deine Kräfte nicht reichen.
Kein Schreiner kommt und
hobelt sie ab und ölt
die widerspenstigen Riegel.

Die Tür die sich hinter dir
schloß und du bist
draußen.
Die Tür die vor dir sich sperrt und du
bist drinnen.

DEIN ROTER BAUM

Dein roter Baum
macht Winter.
Deine Vögel
fliegen auf.
Lange saßen sie stumm im Geäst.
Sie fliegen
sie kreisen über dir.
Sie werden fremd.

ROSENBLÄTTER

Mit dem Kopf nach unten
4 cm
freiwillig
die Fersen in Herzhöhe
fahre ich in die Nacht
Ein Schlag auf den Fußboden
ich mache Licht
es sind die Rosenblätter

MIT DEN GLEICHEN AUGEN

Der Zweikampf
Die Augenblicke
Es riecht nach Veilchen
sagtest du die erste Nacht
Die Sterbenden
entlang den Weg
kleiner werdend
durchsichtig
die Sterbenden
die weißeste Schulter
lange begrabene
unsterbliche
ich half der Velázquez Venus
sterben
ich lobte ihren sterbenden Augen
ihre weiße
ihre vor allen schöne
Schulter
ein Schwan
flog sie nicht fort
in dem Sarg war ein Fenster
für ihr Gesicht
handtellergroß
die Sterbenden
die ich kleiner werden
und sterben sah
die ich liebte
Fremde
in ihrem Sterben
entlang den Weg
mit den Toten

die in mir leiser werden
um dich herumgehend
mit immer anderen
Augen

Mit den gleichen Augen

GESPRÄCH MIT MEINEN PANTOFFELN

Die verlassenen Schuhe
zurückgelassen
am Rande
eines Kraters
eines Flusses
eines Betts
diese Schuhe
aus denen die Füße
fortgingen
an einem Rande
barfuß
in das schuh- und kleiderlose Land

Meine Pantoffel
die mich ansehen
sie sitzen vor meinem Bett
und sehen mich an
Seite an Seite
wie sie mich ansehen
die zärtlichen Tiere
Ich kniee nieder
und streichle
meinen verängstigten

Pantoffeln
das Fell

GRAUE ZEITEN

1
Es muß aufgehoben werden
als komme es aus grauen Zeiten

Menschen wie wir wir unter ihnen
fuhren auf Schiffen hin und her
und konnten nirgends landen

Menschen wie wir wir unter ihnen
durften nicht bleiben
und konnten nicht gehen

Menschen wie wir wir unter ihnen
grüßten unsere Freunde nicht
und wurden nicht gegrüßt

Menschen wie wir wir unter ihnen
standen an fremden Küsten
um Verzeihung bittend daß es uns gab

Menschen wie wir wir unter ihnen
wurden bewahrt

Menschen wie wir wir unter ihnen
Menschen wie ihr ihr unter ihnen
jeder

kann ausgezogen werden
und nackt gemacht
die nackten Menschenpuppen

nackter als Tierleiber
unter den Kleidern
der Leib der Opfer

Ausgezogen
die noch morgens die Schalen um sich haben
weiße Körper

Glück hatte wer nur
gestoßen wurde
von Pol zu Pol

Die grauen Zeiten
ich spreche von den grauen Zeiten
als ich jünger war als ihr jetzt

FERNSEHGEDICHTE

I

NAPALM-LAZARETT

Am Rande des Schlafs
tauchen sie auf
Köpfe
sie schwimmen
auf dem Traumwasser
auf den Bettdecken
ein Horizont von Sterbenden
Köpfe mit großen Augen
›Kriege werden mit Menschen geführt‹
sie sehen mich an
Augen

Kein Himmel hat die Blässe
klagender Augen

2
BRENNENDE STADT (BEIRUT)

Die brennende Stadt
brennt lautlos
Ich sehe sie jeden Abend
mit immer neuen Namen
der Ansager
vorläufig
sagt Abend für Abend den einen
Ich kann das abstellen
vorläufig
Zumindest im Wachen

FÜR VICENTE ALEIXANDRE*

Du warst der erste Dichter
den ich in Europa sah,
der dritte deiner Generation,
und ich habe endgültig begriffen
daß die Dichter Kinder sind
und noch die Wilden unter ihnen
sind nichts als Kinder.
Und du von diesen Kindern
das bescheidenste,
angebunden wie du warst
mit einem kurzen Seil
an das langsame Wachsen des Baums

den du im Hofe deines Hauses pflanztest
nach dem Verstummen
der Kanonen und der Freunde.

* Rückübersetzt aus dem Spanischen.
Nach dem Tode von Vicente Aleixandre geschrieben.

DER BAUM BLÜHT TROTZDEM

1999

Geh nicht als ein Erlöschender

geh nicht als ein Erlöschender
geh nicht als ein Erlöschender
in das Erlöschen

~~geh nicht als eine leere Hülle da~~

~~Geh aber nicht~~

Brenne

Brenne

Wir sind Fackeln, wir brennen

Wir sind Sterne

Wir sind brennendes —
Schleifendes
oder wir sind nicht
gewesen —

ein Körper wie der meine
ist nur die Hülle des Ballons
nicht durchlässig

H. D
20. 7. 61

I

MEIN HERZE WIR SIND VERREIST

Für E.W.P.

Mein Herze
wir sind verreist
nach verschiedenen Weltteilen
Eurydike
meine Hand
deine Schulter berührend
Ich schreibe mit deinem Stift
ich möchte eintreten
durch diese großen Trichter
am Meer
in das Reich
in dem du gehst oder liegst
oder stehst
in dem du jetzt alles weißt
oder alles vergißt

Ich dein schneller dein zu langsamer
Weggefährte
Ich komme hinter dir her
›Langsamer‹ sagst du wie immer
›Sei langsam‹

So sitze ich hier
hoch über dem Meer
blau grün fern
deinen Stift in der Hand

DER BAUM BLÜHT TROTZDEM

Der Baum blüht trotzdem
Immer haben die Bäume
auch zur Hinrichtung geblüht

Kirschblüten und
Schmetterlinge
treibt der Wind
auch dem Verurteilten ins
Bett

Sie gehen weiter
Blütenhalter
ohne den Kopf zu wenden
die hellen Reihen

Mancher sagt ein Wort zu dir
oder du glaubst, daß er spricht
im Vorbeigehn

Weil es so still ist

WAHL

Ein Mandelbaum sein
eine kleine Wolke
in Kopfhöhe über dem Boden
ganz hell
einmal im Jahr

Einer im kleinen Stoßtrupp
des Frühlings

keinem zu Leid als sich selber
im Glauben an einen blauen Tag
vor Kälte verbrennen

Ein kleiner Mandelbaum sein
am Südhang der Pyrenäen
oder im Rheintal
der bleibt und wächst
wo er gepflanzt ist

Aber entlang gehen
bei diesem Mandelbaum
oder ihn plötzlich sehn
wenn der Zug
aus dem Tunnel kommt

Lachen und Weinen und die unmögliche
Wahl haben
und nichts ganz recht tun
und nichts ganz verkehrt
und vielleicht alles verlieren

Doch mit Ja und Nein und Für-immer-vorbei
nicht müde werden
sondern dem Wunder
leise
wie einem Vogel,
die Hand hinhalten

DIE LIEBE

Die Liebe
sitzt in der Sonne
auf einer Mauer und räkelt sich
für jeden zu sehn
Niemand hat sie gerufen
niemand könnte sie wegschicken
auch wenn sie störte

Woher kam sie als sie kam?
Man sieht selbst die Katze kommen
oder ein Gedicht auf dem Papier
Und der dunkelfüßige Traum
stellt sich nicht aus

Die Mauer ist leer
wo die Liebe saß
Wohin ging sie als sie ging?
Selbst der Tod, selbst die Träne
läßt eine Spur

ICH BEWAHRE MICH NICHT

Ich fiel mir aus der Hand
Ich flügelschlagend
fiel auf den Kies
die Flügel schlagend

Mit ausgebreiteten Flügeln
ich bewahre mich nicht
mit ausgebreiteten Flügeln
verlaß ich's

NIMM DEN EIMER

Nimm den Eimer
trage dich hin
Wisse du trägst dich
zu Dürstenden

Wisse du bist nicht das Wasser
du trägst nur den Eimer
Tränke sie dennoch

Dann trage den Eimer
voll mit dir
zu dir zurück

Der Gang
hin und her
dauert ein Jahrzehnt

(Du kannst es fünf- oder sechsmal tun
vom zwanzigsten Lebensjahr an gerechnet)

VORWURF

Schweigen: der Stein
am Halse des Worts
Mein atmendes Wort ertrinkt
in dem Brunnen

ZWISCHEN IMMER UND IMMER

Leuchtend sanfte
Fläche des Herzens,
Stille
ausgespannt
– wie zwischen immer und immer –
zwischen Morgen und Abend
von Bucht zu Bucht

Das Boot mit dem weißen Segel
macht keinen Einschnitt
auf dem Blau deiner Milch
Das schnellere Weiß der Möwe
das den Atem mitnimmt
in weiten Schleifen
läßt keine Spur

Aber der wandernde Glanz
die große langsame Hand die
unerbittlich liebkosend
dir über das ewige Herz streicht
hält nicht ein
und schiebt die Stunden weg
auf dem Zifferblatt deiner Küsten

Mit ihrem Zeigefinger aus Schatten und Gold
weist sie die Vögel ins Schweigen
in dem breiten Palmkorb der Nacht
und tilgt das Geschenk dieses Tags
aus dem zärtlich kurzen
Blüten-urlaub
der leichten Mimosen

DIE FLÜGEL DER LERCHEN

Die Flügel der Lerchen
sind unnütz
sie sitzen geblendet
im Käfig
Beweise gegen uns

Unsre Rosen sind schwarz
geworden
im Regen
Unser Wein wird zu Essig
schon in der Kelter
und unsre Feste
zu Tagen der Prüfung

Aus den goldenen Füllhörnern
steigen die Maden
Giftige Wolken verdunkeln
den Himmel über den Städten
Es wäre Mut
Angst zu haben

EIN BLAUER TAG

Ein blauer Tag
Nichts Böses kann dir kommen
an einem blauen Tag
Ein blauer Tag
die Kriegserklärung
Die Blumen öffneten ihr Nein
Die Vögel sangen Nein

ein König weinte
Niemand konnte es glauben
Ein blauer Tag
und doch war Krieg

Gestorben wird auch an blauen Tagen
bei jedem Wetter
Auch an blauen Tagen wirst du verlassen
und verläßt du
begnadigst nicht
und wirst nicht begnadigt
Auch an blauen Tagen
wird nichts zurückgenommen
Niemand kann es glauben:
Auch an blauen Tagen
bricht das Herz

TALFAHRT

Die ewigen Hirten
trotz der Intensivhaltung der Tiere
die ewigen Weiden
das goldene Sterben der Bäume

Ihr mechanisiertes
Sterben
der Tiermaschinen

Unser
mechanisiertes
Leben

Du streichst mit der Hand
von ferne
über die grüne Haut eines Bergs

WOLKE

Leuchtende Rose
aus Wasser und Sonne
große weiße Wolke
du treibst
ins Dunkle

Wir sind so flüchtig
vor jedem Wind
Das Schneckenhaus bleibt
wir werden aufgelöst
wie du

Unsere Stimmen so hart
und voll Widerstand
wenn der Tag fällt
und du so sanft
auf den Glanz
verzichtest

FALLSCHIRM

Tränennasses Gedicht
der äußersten Einsamkeit
du Netz über dem Abgrund
weißer Fallschirm
der sich öffnet im Sturz

Ein Engel hätte Flügel
unter einem Engel
weicht der Boden nicht
Ein Engel erhält nie
verwirrende Botschaft
über sich selbst

UNSERE LANGEN SCHATTEN

Unsere langen Schatten
im Sternenlicht
und der Wein auf der Erde
Wie eng am Tode
führt unser Weg
Oh Lieber bedenk es
wie geliehen wir sind
wie flüchtig das Unsre
das Gefühl und wir selbst
Was Du heute an Ich sparst
und nicht bis zum Rand gibst
ist morgen vielleicht
so traurig und unnütz
wie die Puppe
nach dem Begräbnis des
Kinds

Nur die klingende
bis zur äußersten
Haut des Herzens gespannte
Stunde besteht

ELEMENT

Alle schwimmen in diesem
Wasser

Fische
mit großen Augen
und traurigem Mund
schwimmen um mich herum

traurig
ohne Hände
Hände halten

Fische

in dem Wasser
in dem ich
ertrinke

STRAPAZIERTER COMPUTER

Das Gedächtnis
geht auf die Knie
ein Lama weigert sich
mehr als 100 Pfund zu tragen
dies einfache Tier in den Anden
mit seinem Kindergesicht

Unser Gehirn steht still
unser Herz
das ist unwichtig
austauschbar diese rote
Batterie
für unsern grauen

Einspeicherer
von Nachrichten

GENESIS

Das Wort
der Blick
ändern
erschaffen die Wirklichkeit
den Traum der Wirklichkeit
den Angsttraum der Wirklichkeit
die Wirklichkeit

ihren Kern

RÜCKZUG

Ich bitte die Worte zu mir zurück
ich locke alle meine Worte
die hilflosen

Ich versammle die Bilder
die Landschaften kommen zu mir
die Bäume die Menschen

Nichts ist fern
alle versammeln sich
so viel Helle

Ich ein Teil von allem
kehre mit allem
in mich zurück
und verschließe mich
und gehe fort
aus der blühenden Helle
dem Grün dem Gold dem Blau
in das Erinnerungslose

ANDERE GEBURT

Mutter dein Tod
ist unsere zweite Geburt
nackter hilfloser
als die erste

Weil du nicht da bist
und uns nicht in den Arm nimmst
um uns vor uns selber
zu trösten

EIN GOLDENES BLATT

Ein goldenes Blatt
es schwebt auf mich zu
Ich wünsche nichts auf der Welt als das Blatt
Ich bleibe stehen
und mache die Hand auf
Ein leichter Wind
Das Blatt wird ein Schmetterling
Ich werde zum Jäger
Es fehlt mir das Netz
Ich müßte auf den Rasen laufen
um es zu fangen
Ich getraue mich nicht

Ich bitte das Blatt ich bitte den Wind
Ich tue einen kleinen Schritt
und halte die Hand hin
Das goldene Blatt
und meine Hand

verfehlen sich
wenig viel es ist gleich
Das Blatt ist ein gelbes
trockenes Blatt
eines der welken Blätter
im Gras
eines blauen Novembertags

WEIL VERLIEREN SO LEICHT IST

Der Ring mit dem hellblauen Stein
den dir ein Traum gegeben
du hast die Hand geöffnet
im Schlaf
da verlorst du den Ring
Kroch eine Schnecke hindurch
eine nackte Schnecke im Regen
und trug ihn in ihr schleimiges Erdloch
den Ring mit dem Traumstein?
Fiel er dir in den Brunnen
während du schliefst?

Du hast im Schlaf die Hand geöffnet
da verlorst du den Ring
wie du alles verlierst
– wie wir alle alles verlieren –
Tag um Tag,
was wir haben verlieren
weil verlieren so leicht ist
nur verloren haben
so schwer

Weil mühsam ist
bewahren was wir lieben
mühsam wir selbst zu sein

Doch ohne den Mut
die Hand in der Hand zu halten
ohne den Mut
ganz hier zu sein
werden wir täglich
ärmer

HARZEND

Die immer frische Wunde der Kiefern
die nie verjährt
dieser weinende Wald
voller Tränenbecher
Das Messer das erinnert
und nichts heilen läßt

Die Zeit
wird die grünen Haare trocknen
nicht die Wunde

Diese nackten
Stämme
sollten Kleider tragen dürfen

IN VOLLER FAHRT

Wir sitzen in einem Zug
niemand fragt ob wir
aussteigen wollen
und fahren auf eine Brücke zu
und die Brücke wird brechen
Diese Brücke oder die nächste
wird brechen

Wie weh du mir tust
wie weh ich dir tu
wo wir dahinfahr'n
in solcher Eile
auf eine Brücke zu –
die nicht tragen wird

SCHLIMMES BÜNDNIS

Wir verbünden uns mit der Zeit
dieser Abschöpferin
aller Freude
»Hier hast du nimm«
Und sie nimmt

Sie ist sehr groß
im Nehmen

Sie ist sehr groß
im Lassen
Sie gönnt uns
ungeschmälert
die Tränen

APPELL

1
Geh nicht als ein Erlöschender
Geh nicht als ein Erlöschender
Geh nicht als ein Erlöschender
in das Erlöschen

Brenne
Brenne
Wir sind Fackeln mein Bruder
Wir sind Sterne
Wir sind Brennendes
Steigendes
Oder wir sind nicht
gewesen

2
Ein Körper
wie der unsere
ist nur die Hülle des Ballons
lichtdurchlässig

DIESER WEITE FLÜGEL

Dieser weite Flügel
mein Wort
mit den unsichtbaren Schwingen
ich bin weitgegangen ich bin gelaufen
mit lidlosen Augen
die Kontinente die Jahre herauf

II

KALENDER

1
Grüne Pfennige
zittern
an den Birken.
Die Bäume binden sich kleine Wolken vor.
Die Vögel so aufgeregt
mit bebenden Kehlen.
Wer hier geblieben wäre
könnte das Leben
nach den Kastanienblüten zählen.

2
Die geprügelten Tage
die so zutraulich begannen.

Schon hängen die Früchte ins Fenster.
Gestern
die Dolden.

Einer
deiner Sommer.

EINZELVERÖFFENTLICHUNGEN

WEN ES TRIFFT

Welch perverse
Mode der Angst
schneidert uns Kleider
aus der Haut eines Du
als sei es ein Tierfell im Winter?

Die Krähe
fürchtet die Krähe nicht
aber der Mensch
ist des Menschen
bangste Begegnung.

Wen es trifft
der wird aufgehoben
wie von einem riesigen Kran
und abgesetzt
wo nichts mehr gilt,
wo keine Straße
von Gestern nach Morgen führt
und der Boden
aus hitzigem Eisen ist
wie in der Tanzbärschule
oder schlüpfrig und kalt
wie eine Eisbahn.
Die Knöpfe, der Schmuck und die Farbe
und alle Geschichte
werden wie mit Besen
von seinen Kleidern gekehrt,
bis neben ihm
ein Kapuzinermönch
zum Paradiesvogel wird.

Dann wird er entblößt
und ausgestellt
auf dem Marktplatz des Abfalls.
Feindliche Hände
betasten die Hüften.
Er wird unter Druck
in Tränen gekocht
bis das Fleisch
auf den Knochen weich wird
wie in den langsamen Küchen der Zeit.
Er wird durch die feinsten
Siebe des Schmerzes gepreßt
und durch die unbarmherzigen
Tücher geseiht
die nichts durchlassen
und auf denen das letzte Korn
Selbstgefühl
zurückbleibt.
So wird er ausgesucht
und bestraft
und muß den Staub essen
auf allen Landstraßen des Betrugs
von den Sohlen aller Enttäuschten,
und weil Herbst ist
soll sein Blut
die großen Weinreben düngen
und gegen den Frost feien.

Manchmal jedoch
wenn er Glück hat,
aber durch kein kennbares
Verdienst
so wie er nicht ausgesetzt ist

für eine wißbare Schuld
sondern ganz einfach weil er zur Hand war,
wird er
von der unbekannten
allmächtigen Instanz
begnadigt
solange noch Zeit ist.
Dann wird er wieder entdeckt
wie ein verlorener Kontinent
oder ein Kruzifix
nach dem Bombenangriff
im verschütteten Keller.
Es ist als würde eine Weiche gestellt:
sein Nirgendwo
wird angekoppelt
an die alte Landschaft
(eine Landschaft mit Wegen)
wie man einen Wagen
von einem toten Geleis
an einen Zug schiebt.
Unter dem irisfarbenen Tor
des Freiheitsdorfs
erkennt ihn und öffnet die Arme
zu seinem Empfang
ein zärtliches Gestern
an einem bestimmbaren
Tag des Kalenders,
der dick ist mit Zukunft.

Keine Katze mit sieben Leben,
keine Eidechse und kein Seestern
denen das verlorene Glied
nachwächst,

kein zerschnittener Wurm
ist so zäh wie der Mensch
den man in die Sonne
von Liebe und Hoffnung legt.
Mit den Brandmalen auf seinem Körper
und den Narben der Wunden
verblaßt ihm die Angst.
Sein entlaubter
Freudenbaum
treibt neue Knospen,
selbst die Rinde des Vertrauens
wächst langsam nach.
Er gewöhnt sich an das veränderte
gepflügte Bild
in den Spiegeln,
er ölt seine Haut
und bezieht den vorwitzigen
Knochenmann
mit einer neuen Lage von Fett,
bis er für alle
nicht mehr fremd riecht.
Und ganz unmerklich
vielleicht an einem Feiertag
oder an einem Geburtstag
sitzt er nicht mehr
nur auf dem Rande
des gebotenen Stuhls
als sei es zur Flucht
oder als habe das Möbel
wurmstichige Beine,
sondern er sitzt
mit den Seinen am Tisch
und ist zuhause

und beinah
sicher
und freut sich
der Geschenke
und liebt das Geliehene
mehr als einen Besitz,
und jeder Tag
ist für ihn
ein überraschendes Hier,
so leuchtend leicht
und klar begrenzt
wie die Spanne
zwischen den ausgebreiteten
Schwungfedern
eines gleitenden Vogels,
ungeplant plötzlich im Blau
und unaufhaltsam.

Die furchtbare Pause
der Prüfung
sinkt ein
wie ein Tief zwischen Inseln.
Die Schlagbäume
an allen Grenzen
werden wieder ins Helle verrückt
wie im Traum nach der Operation.
Aber die Substanz
des Ich
ist so anders
wie das Metall das aus dem Hochofen kommt.
Oder als wär er
aus dem zehnten oder zwanzigsten Stock
– der Unterschied ist gering

beim salto mortale
ohne Netz –
auf seine Füße gefallen
mitten auf Times Square
und mit knapper Not
vor dem Wechsel des roten Lichts
den Schnauzen der Autos entkommen.
Aber eine gewisse Leichtigkeit
ist ihm
wie einem Vogel
geblieben.

Du aber
der Du ihm
auf jeder Straße begegnest,
der Du mit ihm
das Brot brichst,
bücke Dich und streichle
ohne es zu knicken
das zarte Moos am Boden
oder ein kleines Tier
ohne daß es zuckt
vor Deiner Hand.
Lege sie schützend
auf den Kopf eines Kinds,
lasse sie küssen
von dem zärtlichen Mund
der Geliebten,
oder halte sie
wie unter einen Kranen
unter das fließende Gold
der Nachmittagssonne
damit sie transparent wird

und gänzlich untauglich
zu jedem Handgriff
beim Bau
von Stacheldrahthöllen,
öffentlichen
oder intimen,
und damit sie nie
wenn die Panik
ihre schlimmen Waffen verteilt
»Hier« ruft,
und nie
die große eiserne
Rute zu halten bekommt
die durch die andere Form
hindurchfährt
wie durch Schaum.
Und daß sie Dir nie
an keinem Abend
nach Hause kommt
wie ein Jagdhund
mit einem Fasan
oder einem kleinen Hasen
als Beute seines Instinkts
und Dir die Haut
eines Du
auf den Tisch legt.

Damit,
wenn am letzten Tag
sie vor Dir
auf der Bettdecke liegt
wie eine blasse Blume
so matt

aber nicht ganz so leicht
und nicht ganz so rein,
sondern wie eine Menschenhand
die befleckt
und gewaschen wird
und wieder befleckt,
Du ihr dankst
und sagst:
Lebe wohl,
meine Hand.
Du warst
kein Werkzeug des Abbaus.
Du warst ein liebendes
Glied
zwischen mir und der Welt.

LIEBE

das ist eine grosse
goldene Scheibe sein
die vor der Welt steht
und alles Trübe verdeckt.

Wenn alle Kiesel
feucht sind und leuchten
wie Diamanten
und nichts gewogen wird.

Liebe,
das ist das Messer
mit der schartigen Kante
das jeder Atemzug

mir tiefer
ins Herz treibt.

WEIHNACHTSBOTSCHAFT

Die Heiliggeistkirche hell erleuchtet …
Das Johannesevangelium.
Am Anfang war das Wort.
Dann das Lukasevangelium.

Und der Engel mit dem Schwert gab in
dieser Nacht die Paradiespforte wieder frei.

»Die Tür zum Paradies« hieß es.
Ich hatte es mir nie überlegt,
dass es ja weiter bewacht und verboten ist.

Das war für mich die Weihnachtsbotschaft:
dass in dieser Nacht
der Cherub den Wachposten räumte.

DIE VERLIERBAREN LEBENDEN

die verlierbaren
Lebenden
und die unverlierbaren
Toten

sind Dir heute
nahe
ganz nahe

take a trip

lies
gedichte

triff
dich selbst

MACH MAL PAUSE

lies
lyrik

Lierik wie Lybe
STOPT DIE ZEIT

GEDICHTE AUS DEM NACHLASS

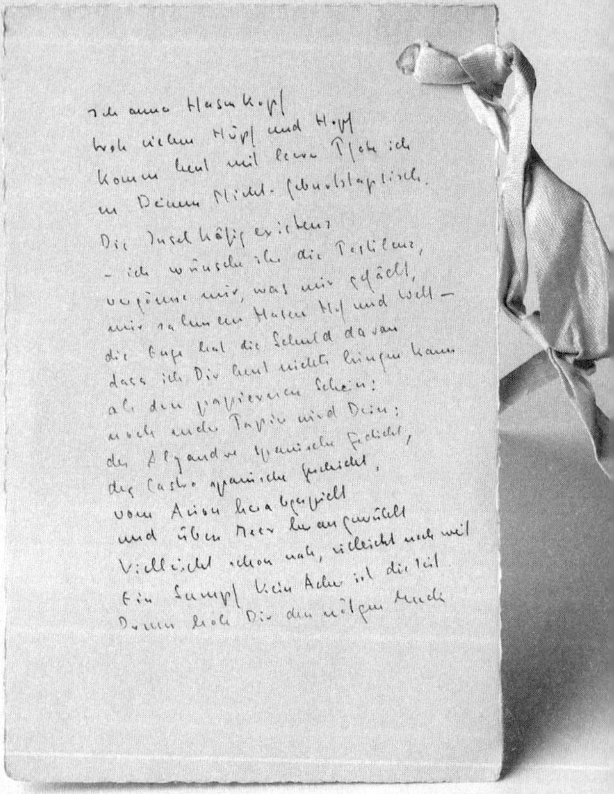

Ich armer Hasenkopf
trotz vielem Hüpf und Hopf
komm heut mit leerem Topf ich
zu Deinem Nicht-Geburtstagstisch.

Die Inselhäftlingsexistenz
– ich wünsche ihr die Pestilenz,
vergönnt mir, was mir gefällt,
mir zahmem Hasen Hof und Welt –
die Enge hat die Schuld daran
dass ich Dir heut nichts bringen kann
als den papierenen Schein:
noch nicht Papier wird Dein:
des Alejandro spanisches Gedicht,
des Castro spanisches Gedicht,
vom Arion herabgespielt
und übers Meer herangewühlt
Vielleicht schon nah, vielleicht noch weit
Ein Sumpf kein Acker ist die Zeit.
Drum hol Dir den nötigen Druck

I

Ich armer Hasenkopf
trotz vielem Hüpf und Hopf
komm heut mit leerer Pfote ich
zu Deinem Nicht-Geburtstagstisch.
Die Inselkäfigexistenz
– ich wünsche ihr die Pestilenz,
vergönne mir, was mir gefällt,
mir zahmem Hasen Hof und Welt –
die Enge hat die Schuld daran
daß ich Dir heut nichts bringen kann
als den papiernen Schein:
noch mehr Papier wird Dein;
des Alqandre spanische Gedicht,
des Castro spanische Geschicht,
vom Avion herabgespielt
und übers Meer herangewühlt
Vielleicht schon nah, vielleicht noch weit
Ein Sumpf kein Acker ist die Zeit.
Drum hole Dir den nötgen Muck
in einem europä'schen Schluck:
der braune Trank, die Schokolade
und Deines Hasen Accolade!

Darf ich mit einem Rat beschliessen:
lass Dich den Goethe nicht verdriessen.
In weitren 61 Jahren
wird man Dich selber zentenaren.

27. VIII. 1949
Chrysosthomos* zu des grossen
Affenkopf bescheidenem Geburtstag.

* griechisch: Goldmund

HILFLOSES SOS NACH DEINEM GEBURTSTAG

Die Leukämie der Enttäuschung
macht mich so müde.
Jedes Achselzucken von Dir
jeder halbe Blick
verdünnt mir das Herzblut.

Das graue Netz schließt sich um mich
wie um den Falter im Spinnweb,
der schon zu matt ist
zum Flug. – Dich verdriesst
die Agonie seines Flatterns.

Ich, zu fraglos Dein
wie der Finger an Deiner Hand
oder Dein eigenes Auge,
ich versickre in Traum
wie Regen in Geröll.

30. August 1952

DEM GELIEBTEN ZUM 27. AUGUST 1953

Wären meine Tränen
Perlen,
ich schenkte Dir heute
lächelnd
ein Diadem.

26. VIII. 53
Ciudad Trujillo

II

Wir setzen die Worte zusammen
Gehäuse, Fallen

für Fliehendes.

DIE HELLEN SCHATTEN

Die hellen Schatten am Boden
leicht wie ein Schmetterling,
oder als seien die Stämme
so wenig der Erde verpflichtet
wie die Wolken und Vögel
und nähmen Wurzel und Schatten
und alle Schwere
als sei es ein höflicher Scherz,
stets widerrufbar.

Wir sehen uns um
ob in der Wintersonne
unsere Schatten nicht fliehen
wie erlöste Gespenster,
und glauben ein Lächeln genug
um alles Getane
zu enttun
wie mürbes Laub
das der Gärtner vom Weg kehrt.

ABSAGE

Alle meine Armeen
sind auf dem Rückzug
vom Niemandsland.
Sie haben den Feind nicht gefunden
und meine Soldaten verhungern
auf den eroberten Wiesen
mitten im Sommer.

Welch schweigende Heimkehr
nach dem Tod des Trompeters.
Geh nicht auf die Straße
und sieh sie nicht an.

11. Januar 1952

Deine Gegenwart ist
als reit ich auf sicherem Saumtier
am Abhang.
Schmaler Pfad im Geröll
wie einst in Latium
beim letzten Ausflug.

Daß Du da bist
daß ich Deine Stimme höre
und Du mich ansiehst
und ja sagst,
ist wie ein stetes Getragensein
wo die Schafherden
und die Ölbäume
und das Meer

und die Ebene im Abend
und alle Versprechen der Wolken
wirklicher sind
als der Abgrund
zu meinen Füßen.

19. August 1952

Auf dem Amboß des Liebsten wird das Herz
in kleine Stücke geschlagen
mit dem schweren Eisen der Wünsche

FRANZÖSISCHER GOBELIN

Zu Deiner Insel führen keine Brücken,
wo keine Brücke ist ist kein Tor
und wo kein Tor, ist kein Schlüssel.
Nirgends ein Fährmann oder ein Kahn
auf dem Wasserring um Deine Insel.

Deine Insel ist wie ein Teppich mit Blumen gestickt
und zwischen den Blumen pussierliche Tiere,
weiße Hasen und Affen und goldene Vögel,
und ein großes weißes Einhorn und ein Spiegel,
und eine träumende Frau an einem Quell.

Die Welt schickt Boten über Boten zu Dir,
Männer mit Orden und schmeichelnde Fraun,
Du feierst mit ihnen diesseits des Wassers,
nur der Quell bei der stillen Frau rauscht stärker
und die Blumen werden bunter auf Deiner Insel.

Die Tiere und Blumen sind mir bekannt wie ein Traum.
Bist Du das Einhorn? Hüt ich den Quell?
Du gabst mir nie einen Schlüssel oder einen Paß.
Wie kamen wir je
auf Deine einsame Insel?

MANCHMAL

Manchmal
wenn Du gehst
spät in der Nacht,
lieg ich ins Ich geschmiegt
wie in ein sanftes Fell,
so getröstet
wie Dein Kind
oder wie ein hilflos kleines
neugeborenes Tier
auf Deiner Hand.

7. Januar 1952

AN DEN WORTEN HÄNGT TANG

An den Worten
hängt Tang,
Schleim des Gewesenen
in den Uferwassern des Herzens.

Stoß das Boot weg vom Rand
alles Gestern.

Klarer Ruderschlag
in starkem Wasser.
Laß uns landen
wo keine Landung ist
in der Mitte des Stroms
und treten wo kein Steg ist.
Und laß mich,
wo kein Grund mehr ist,
versinken
mit Dir.

13./14. Juli 1953

SANFTE GEFAHR

Die Gefahr tritt aus dem Wald wie ein Reh
morgens wenn die Nebel die Stämme verhüllen
oder wenn der Abend fällt –
so unmerklich, so sanft.

Die Gefahr ist nichts das Schlagzeilen verdient
wie das Flugzeugunglück,
wie die Atombombe,
wie alles was dich von außen zerstört.

Wie alles vor dem du weglaufen kannst
mit ein wenig Geschick
bis zu den Inseln
an den Enden der Welt.

Die Gefahr tritt zärtlich an dich heran,
du streichelst sie, du hältst ihr den Zucker hin,
du fühlst ihre Zunge auf deiner Hand
wie eine Liebkosung.

Der Gefahr
gefällt es bei dir.
Sie macht sich ein Bett
in deinem Herzen.

Ein kleines zärtliches Bett
in einem Winkel.
Du sagst ihr nicht nein.
Sie ist zu bescheiden und sanft.

Aber sie wächst und braucht Platz,
sie fragt nicht mehr,
sie macht sich ein größres und immer größeres Bett
und füllt die Herzkammer aus.

Wenn sie sich umdreht im Schlaf, wachst du auf,
und wenn sie atmet, erstickst du.
Sie träumt einen hellen Traum und du lachst.
Sie träumt einen dunkeln Traum und du weinst.

Doch wenn du es nicht mehr erträgst
und sie wegweist,
und sie, groß wie sie ist, hinauswill
(ihr wird beinahe schon enge bei dir)
zersprengt sie
die Herzwand – und du stirbst
an ihrem zärtlichen Abschied.

24. November 1957
(nach dem Morgenspaziergang zur Goetheruh)

Ungebundenes Sein
steril wie Samen
der im zeugungsbereiten Schoß
die Zelle der Geburt
vermeidet.

Aber Leben ist
durch die blutigen Türen
aus und eingehn
von Gefangenschaft zu Gefangenschaft,
mit dem kleinen Schrei
auf der Schwelle der Befleckung
– und trotzdem in vollem Licht.

Und ach, wie bestürzend nah
ist alle letzte Erfahrung:
Herzen wie verbundene Röhren
in denen der gleiche
Blutspiegel zittert
und die Ein Schmerz
zur Rose aufbricht.

28. März – 10. April 1953

KRANKENBERICHT

Ich lebe in einer Wolke
– morgen und gestern
wunde Stümpfe
in Watte –
Wie durch milchiges Glas
weiss ich die Welt

wo ich nicht den Platz hab
des kleinsten Steins,
wo jeder Grashalm
einen festeren Stand hat
und wo die Gewißheit
Flecken bekam
wie eine wurmstichige Frucht.

Nur von Zeit zu Zeit,
zärtlich nah,
ein kleiner Vogel,
grün mit schwarzem Kopf,
oder eine rote Blüte voll Sonne
im frühen Abend,
oder ein Lächeln in dem ich vielleicht
mitgemeint bin.

Mai 1952

MISCHIEVIOUS MOOD

Tausend kleine Teufelchen
haben mir das Haus occupiert,
unziemliche kleine Teufelchen
die keine Lady sich hält.

Die zwicken meinen Liebsten beim Tee
wenn er seriösen Gedanken Audienz gibt.
Ich fliehe bang seinen Zorn,
sie riskieren heiter den Stock.

Ach Liebster, meine Teufelchen
sind stößig wie die Böcklein,

sie hüpfen mir in die Fingerspitzen
und in alle Gemächer.

Und wenn Du Einlaß begehrst
– mir ein willkommener Gast –
schlagen sie lachend und eilig
Türen und Fenster Dir zu.

Des Heracles Hydra, oh Liebster,
war ein gefügigres Tier. Ich fürchte
Du brauchst viele Reisen nach Lerna
eh Du die tausend Teufelchen zähmst.

9. Januar 1952

Zwischen Wachen und Schlaf
betrüg ich Dich häufig mit Dir.

Du kommst –
der nicht an mich denkt
und ungerufen nie käme,
dessen Schritte die raschelnden Blätter
vor meinem Fenster nicht kennen.

Du kommst und bist Du
und bist anders,
unsparsam und ganz
als hieltst Du nicht Haus
mit Fraktionen Gefühl
und als wären alle Wiesen
Deines Herzens betretbar.

Und zwischen Schlafen und Wachen
bin ich von Liebe für Dich

so überschwemmt wie ein Reisfeld
– und so allein.

18. November 1952

MORGENGEBET AM 1. DES JAHRES

Gott oder Götter, gewährt
daß der gespannte Bogen
die Spannung bewahre
und der Flug nicht zum Gang werde,
daß kein Karren bereit sei
auf geduldigem Weg
für den Renner
und sich die Nachtigall nicht
beim Nestbau versäume.

Daß nichts schlechthin
angenommen werde
als sei es geschuldet
oder verdient
oder Sicherheit
ein fruchtbarer Wunsch.

Und gib oder gebt
daß mein Herz
so erschreckend sein bleibt.
Nehmt das Kreuz nicht
von meiner Schulter
und stellt den Jäger für euer Reh.

FLUGPLATZ

Einer steht da und winkt
an der Sperre
und verabschiedet die Stadt von dir.

Du kennst ihn nicht
und doch
er kam für alle

Für alle
die dich kannten
und nicht mehr kennen.

Vor dem Einschlafen
wirst du ihn winken sehn
lange.

29. Juni 1963

Ich habe das Haben verlernt,
als hätte ich nicht mehr die Hände
zum Nehmen.

Hände die streicheln
nicht halten
was ihnen der Andere gibt.

13. Dezember 1960

STERBENDER FREUND

Für Alexander Rüstow

Er bewegt sie noch
die ihn nicht mehr bewegt:
diese Hand
die kaum die Tasse hält
verändert noch
die schon verlassene Welt.

III

Meine Tage meine Nächte
sind möbliert
mit deinem Lächeln
Du bringst Mozart mit
8./9. September 1986

Nur das Leben
nicht der Geist
hatte seinen Wohnsitz aufgegeben
in deinem blassen Gesicht
mit den verschlossenen Lidern
Plötzlich war dein Auge nicht
nötig
zu deiner Schönheit
deine wunderbaren Augen
so still verriegelt
keiner mußte sie zudrücken
denn mit geschlossenen Lidern
hattest du mich geküßt
wie so oft.

Als du im Sarg lagst
erschienen schwarze Sterne
in deinem hellen Gesicht
Punkte Signale der Trennung
ich küßte dich dennoch

Ich legte dir die römische Medaille um den Hals
ich legte meine Gedichte
zu deinen Füssen
und streute Rosen über dich
dein Lieblingsphoto von mir
fand ich erst Tage später

Deine Zunge in meinem Mund
stand plötzlich still
nie mehr
öffneten sich deine Augen

Nacht vom 14./15. Mai 1989

ANHANG

NACHWORT

Hilde Domin, die gebürtige Kölnerin, Jahrgang 1909, wanderte schon 1932, also im Jahr vor Hitlers Machtübernahme, aus, kehrte nach zweiundzwanzigjährigem Exil 1954 nach Deutschland zurück und lebte von 1961 bis zu ihrem Tod im Jahre 2006 in Heidelberg. Über ihre Herkunft schreibt sie: »Irgendwann war ich zuhause und auch gut zuhause. Davon lebe ich das Leben lang. Das war in Köln, in der Riehler Straße. Dort haben mich meine Eltern mit dem Vertrauen versorgt, dem Urvertrauen, das unzerstörbar scheint und aus dem ich die Kraft des ›Dennoch‹ nehme.« ›Dennoch‹ ist tatsächlich ein Wort, das oft in ihren Gedichten auftaucht, und gerade dann, wenn sie sich am Rande der Verzweiflung zu bewegen scheinen.

In manchen ihrer Exilgedichte fällt das konkrete Verzeichnis der Verluste von Dingen auf, die in ihrer Beständigkeit für die meisten Menschen ein Leben ausmachen. Dinge, die zugleich wirklich und symbolisch wirken. Zum Beispiel im Gedicht *Herbstzeitlosen*:

Für uns, denen der Pfosten der Tür verbrannt ist,
an dem die Jahre der Kindheit
Zentimeter für Zentimeter
eingetragen waren.

Die wir keinen Baum
in unseren Garten pflanzten,
um den Stuhl
in seinen wachsenden Schatten zu stellen.

Das Ich oder vielmehr das »Wir« des Gedichts hat die Entwicklung vom Kind zum Erwachsenen und das, was Goethe »ruhige Bildung« nannte, verpaßt. Die Exilantin kann nicht mehr das Wachstum – des Menschen, des Baums – registrieren. Resigniert tröstet sie sich mit beobachteten Übereinstimmungen, wo Fremde und Heimat sich überschneiden. So wie Heine im Exil schrieb: »Immerhin, mich wird umgeben / Gotteshimmel dort wie hier, / Und als Totenlampen schweben / Nachts die Sterne über mir« – so schreibt Hilde Domin in der unpathetischeren Sprache des 20. Jahrhunderts in einem Gedicht mit dem bezeichnenden Titel *Wo steht unser Mandelbaum*:

Überall wird das Heu
auf andere Weise geschichtet
zum Trocknen
unter der gleichen
Sonne.

Und in dem Gedicht *Mit leichtem Gepäck* warnt sie den Wandernden davor, sich noch einmal festzuklammern:

Sag dem Schoßhund Gegenstand ab
der dich anwedelt
aus den Schaufenstern.
Er irrt. Du
riechst nicht nach Bleiben.

Das erheiternde Bild vom Schoßhund, der mitgenommen werden möchte, macht die erzwungene Rastlosigkeit erträglich und für den Leser verständlich und nachvollziehbar. Hilde Domin ist nicht nur die Dichterin des Exils, sie ist die Dichterin vieler Exile, die von einem Land ins andere wanderte und in keinem eine permanente Zuflucht fand. Sie ist die Dichterin des Mißtrauens gegen alles, was zum Bleiben einlädt:

WARNUNG

Wenn die kleinen weißen Straßen
im Süden
die du gegangen bist
sich dir öffnen wie Knospen
voller Sonne
und dich einladen.

Wenn die Welt,
frischgehäutet,
dich aus dem Haus ruft
und dir ein Einhorn
gesattelt
zur Tür schickt.

Dann sollst du hinknieen wie ein Kind
am Fuß deines Betts
und um Bescheidenheit bitten.
Wenn alles dich einlädt,
das ist die Stunde,
wo dich alles verläßt.

Hier spricht die Exilantin, die zuviel verloren hat, um zu glauben, es werde ihr noch einmal etwas geschenkt. Das gesattelte Einhorn, das Phantasietier, drückt aus, wie alle Einladungen einer scheinbar heilen Welt auf Illusion beruhen.

Bei Rose Ausländer heißt es einmal:

Ich rede
von der brennenden Nacht
die gelöscht hat
der Pruth [...]
vom gelben Stern
auf dem wir
stündlich starben
in der Galgenzeit

nicht über Rosen
red ich

Hilde Domin redet sowohl über brennende Nächte wie über Rosen. Der Titel eines ihrer bekanntesten Gedichte, das auch zum Titel des Gedichtbands wurde, in dem es steht, lautet *Nur eine Rose als Stütze*. Die Exilantin, die die Gegenstände der eingerichteten Welt wie schwanzwedelnde Schoßhunde hinter sich gelassen hat, richtet sich ein im Reich der Phantasie. Doch nicht in der Märchenwelt des gesattelten Einhorns kann sie heimisch werden, denn dieses Tier kommt aus dem Bereich der Vorspiegelungen, wohl aber in einem starken Innenleben, das seine Kraft aus der Natur, die jeden Menschen umgibt, bezieht:

Ich richte mir ein Zimmer ein in der Luft
unter den Akrobaten und Vögeln:
mein Bett auf dem Trapez des Gefühls
wie ein Nest im Wind
auf der äußersten Spitze des Zweigs.

Die Außenwelt hat versagt und hat sie zur Seiltänzerin einer gefährdeten Hoffnung gemacht. So heißt es in der letzten Strophe:

Aber ich liege in Vogelfedern, hoch ins Leere gewiegt.
Mir schwindelt. Ich schlafe nicht ein.
Meine Hand
greift nach einem Halt und findet
nur eine Rose als Stütze.

Das »nur« im letzten Vers stellt die Tragfähigkeit dieser meistbesungenen Blume der Lyrik in Frage und rettet das Gedicht vor einem sentimentalen Einschlag. Denn obwohl die Hoffnung eine nicht zu unterschätzende Rolle im Werk dieser Dichterin spielt, so ist es nie eine leichtfertige Hoffnung, sondern eine, die Domins Lieblingswort »dennoch« dem Unheil entgegenstellt und die Zerstörungswut des 20. Jahrhunderts im Auge behält.

Und das bringt uns zu Hilde Domin, der politischen Lyrikerin. Über die Problematik des politischen Gedichts sagt sie, es hinge wie bei jedem Gedicht davon ab, wie sehr das politische Thema den Dichter selber erregt. »Keineswegs ist dem Lyriker eine ersthändige Erfahrung im Sinn biographischer oder topographischer Belegbarkeit abzuverlangen. Jede Erfahrung, auch die fernste, kann für den Lyriker zur ›ersthändigen‹ werden, wenn er sie als Schock erfährt [...]. Nur was ihm ›auf der Haut brennt‹, wird andern ›auf der Haut brennen‹.«

Nehmen wir das Gedicht *Brennende Stadt (Beirut)*. Hier läßt das Ich, in seiner Geborgenheit vor dem Fernsehapparat sitzend, die Katastrophen der Welt auf sich einwirken, also durchaus keine »ersthändige«, sondern eine nachempfundene und stellvertretende Erfahrung.

Die brennende Stadt
brennt lautlos
Ich sehe sie jeden Abend
mit immer neuen Namen

der Ansager
vorläufig
sagt Abend für Abend den einen
Ich kann das abstellen
vorläufig
Zumindest im Wachen

Hilde Domins politische Gedichte sind in ihrer epigrammatischen Geballtheit denen von Erich Fried verwandt. Erich Fried erkannte das und drückte seine Bewunderung für das eben zitierte Gedicht so aus: »Sie sieht die Stadt jeden Abend, aber ihr fallen dabei immer andere Städte ein, die gebrannt haben, die brennen können oder – wer weiß – brennen werden. Deshalb steht der Stadtname Beirut nur in Klammern [...]. Die Dichterin sagt in der nächsten Zeile kunstlos einfach ›Ich kann das abstellen‹. Natürlich, sie kann die lautlos brennende Stadt auf dem Bildschirm abstellen, auch den vom Ansager allabendlich quälend wiederholten Stadtnamen Beirut, womöglich auch das unerträgliche Denken an die vorläufig weit entfernte Zerstörung. Die Zerstörung selbst kann sie nicht abstellen [...]. Nur dem Bild [...] kann sie entrinnen. Aber auch das nur vorläufig [...]. Dann kommt die letzte Zeile: ›Zumindest im Wachen‹. Diese kurze, unpathetische Einschränkung macht alle Hoffnung, dem Unerträglichen zu entrinnen, zunichte.« Soweit Erich Fried, der Kollege.

Neben Exil und Menschenrechten ist ein dritter Themenbereich in Hilde Domins Werk ihr Umgang mit der Sprache. Im Gegensatz zu der landläufigen Meinung, daß Lyrik vor allem die Kunst der frühen Jahre ist und daher junge Dichter die besten seien, hat Hilde Domin so spät zu dichten begonnen, daß ihr erster Verleger es für nötig hielt, ihr den Rat zu erteilen, sie möge sich für die Öffentlichkeit jünger machen. Sie spricht von ihrer Entwicklung zur Dichterin, die eng mit ihrer Rückkehr in die alte Heimat zusammenhängt, als einer zweiten Geburt. »Ich, H. D. bin erstaunlich jung«, schrieb sie 1962. »Ich kam erst 1951 auf die Welt […], als ich zu schreiben begann, wurde mir, wie jedem der beginnt, alles bis dahin Getane zur Vorgeschichte […]. Weshalb ich zu den jüngsten deutschen Lyrikern gehöre, etwa zur Generation von Peter Rühmkorf.«

Zu dem Thema Geburt hat sie ein im besten Sinne sehr weibliches und unerschrocken originelles Gedicht geschrieben. Es heißt *Geburtstage* und handelt von drei Geburten und einem Geburtenersatz durch die Sprache. Die erste Strophe beschreibt mit dem unsentimentalen und direkten Wort »herauswürgen« sowohl die Geburt der Mutter durch die Großmutter wie die Geburt der Sprecherin. Dabei fällt einem auf, wie selten der körperliche Vorgang des Gebärens Eingang in die Lyrik gefunden hat. Es folgt die Geburt eines Rehs, das anmutiger und schmerzloser auf die Welt kommt als ein Mensch. Und schließlich die Entstehung von Gedichten im Kopf der Kinderlosen als eine Art Geburt.

GEBURTSTAGE

Sie ist tot

heute ist ihr Geburtstag
das ist der Tag
an dem sie
in diesem Dreieck
zwischen den Beinen ihrer Mutter
herausgewürgt wurde
sie

die mich herausgewürgt hat
zwischen ihren Beinen

sie ist Asche

*

Immer denke ich
an die Geburt eines Rehs
wie es die Beine auf den Boden setzte

*

Ich habe niemand ans Licht gezwängt
nur Worte
Worte drehen nicht den Kopf
sie stehen auf
sofort
und gehn

Dichtung als Geburt, der Dichter als Gebärender oder Surrogatvater, das ist an sich ein alter Topos (oder Gemeinplatz). Der irische Dichter William Butler Yeats wendet sich an seine Vorfahren mit apologetischer Geste und den Worten: »I have no child, I have nothing but a book, / Nothing but that to prove your blood and mine.« Der Dichterin Hilde Domin geht es nicht wie Yeats darum, ihre Abstammung aus edler Ahnenlinie zu beweisen. Die wahre Geburt wird mit klinischer Genauigkeit vorgestellt und der Gegensatz zwischen dem hilflosen Menschensäugling und dem sofort, wenn auch zögerlich auf seinen Füßen stehenden neugeborenen Reh ins Blickfeld gerückt. Die Trauer um die tote Mutter bestimmt den ersten Teil mit seinen zwei Geburten: Ein Kreis hat sich geschlossen. Aus dem dritten Teil können wir, wenn wir es wollen, ein Bedauern lesen, daß die Dichterin ›nur‹ Worte geboren hat, ein Bedauern, das wir natürlich nicht teilen, da wir als Leser die Nutznießer dieses ›nur‹ sind. Doch es steckt auch ein Triumph in dieser Strophe, denn Worte wirken sofort, sie stehen auf und gehen, man muß nicht mit Hangen und Bangen darauf warten, was aus ihnen wird. Tierische, menschliche und geistige Geburt, das ist das Trio, welches Hilde Domin hier als verwandt zusammenstellt. Und da die Geburt der Worte erst am Ende des Gedichts stattfindet, so gewinnen wir vielleicht doch den Eindruck, daß sie von allen dreien, die hier auf die Welt kamen, die lebensfähigsten sind.

Sprache als Errungenschaft und Sprache als Spiel wirbelt durch das Gedicht *Ich will dich*, das gleichzeitig der Titel eines Gedichtbands ist. Doch Vorsicht ist geboten. Der Band und das Gedicht mögen gleichnamig sein, und doch bedeuten die drei Wörter in den beiden Zusammenhängen etwas anderes. Alleinstehend meinen sie etwa »ich will dich haben«, aber sehen wir einmal, was im Gedicht an ihnen hängt.

ICH WILL DICH

Freiheit
ich will dich
aufrauhen mit Schmirgelpapier
du geleckte

Hier führt das »will« als Hilfszeitwort zu dem Infinitiv »aufrauhen«. Der Zweck dieses raffinierten grammatischen Spiels ist eine geballte Aussage: Ich will die Freiheit, aber eine Freiheit, die man sich etwas kosten läßt, nicht eine, die als Selbstverständlichkeit und Sprechblase aus jedermanns Munde fließt, daher eine geleckte Freiheit. Und weiter:

die ich meine
meine
unsere
Freiheit von und zu
Modefratz

Du wirst geleckt
mit Zungenspitzen
bis du ganz rund bist
Kugel
auf allen Tüchern

Das wiederholte »meine« hat auch zwei Bedeutungen. In dem alten Lied bedeutet »Freiheit, dich ich meine« ja auch Freiheit, die ich liebe, im Anklang an Minne, während das zweite »meine« bei Domin besitzergreifend ist, die Freiheit, die mir gehört. Und diese Freiheit soll nicht rundlich angenehm sein, sondern verwunden können:

Freiheit Wort
das ich aufrauhen will
ich will dich mit Glassplittern spicken
daß man dich schwer auf die Zunge nimmt
und du niemandes Ball bist

Die Verwundbarkeit der wertvollen und wünschenswerten Ideen und Wörter ist nicht zu unterschätzen, und noch einmal weist sie auf die Gefahr hin, der sie ausgesetzt sind und die sie durchstehen müssen:

Dich
und andere
Worte möchte ich mit Glassplittern spicken
wie es Konfuzius befiehlt
der alte Chinese

Sie sollen aus ihrer sprachlichen Abgedroschenheit erlöst werden und konfuzianische Genauigkeiten bieten.

Die Eckenschale sagt er
muß
Ecken haben
sagt er
Oder der Staat geht zugrunde

Nichts weiter sagt er
ist vonnöten
Nennt
das Runde rund
und das Eckige eckig

Die Weisheit, zum Beispiel die des Konfuzius, aber auch die eines Wittgenstein, könnte man hinzufügen, fordert Genauigkeit, deren Garantie die Sprache ist. Sag nicht rund, wenn du eckig meinst, es gibt beiderlei Schalen, wenn wir genau sprechen, so werden wir auch genau denken und daher – erstaunlicherweise – den Staat retten. Das Private ist das Politische. Schmirgelpapier und Glassplitter geben dem Gedicht eine Häuslichkeit, die es aus den Abstraktionen heraushebt und zusammen mit dem halb lächerlichen Gelecktsein zu einem recht vergnüglichen Lehrgedicht macht. Denn ein Lehrgedicht ist es allemal. Hilde Domin scheute sich nicht, ihren Lesern und Leserinnen vorzuschreiben, wie sie leben sollten. Sie war eine unverbesserliche Weltverbesserin.

Ihr Optimismus und ihr Vertrauen (wohl abgeleitet von jenem Urvertrauen der Kindheit im Kölner Elternhaus) verblüffen und setzen sie ab von den anderen verfolgten jüdischen Dichtern, wie Paul Celan, Nelly Sachs, Rose Ausländer. Aber sie war eben auch die Dichterin der

Rückkehr, eine Autorin, die eigentlich erst nach dem Wiederfinden der Heimat und nachdem sie diese Heimat als Wohnort akzeptiert hatte, ihre Stimme fand. In dem oft zitierten Gedicht *Abel steh auf* entwirft sie eine Vision, derzufolge der erste Mord, von dem alle anderen abgeleitet sind, zurückgenommen wird. Abel soll auferstehen, »damit es anders anfängt/zwischen uns allen«. Kain wird zum Hüter seines Bruders werden. Natürlich ist das Gedicht als Phantasie, als Illusion konzipiert, doch auch als Utopie, an der es gilt sich festzuhalten. In nackter Prosa ausgesprochen, kann dieser Optimismus auch ein wenig naiv wirken. Sie selber sagt darüber, wenn Kafka behaupte, »seine Taube sei heimgekehrt und habe ›nichts Grünes‹ gefunden, so sehen meine Gedichte mit aufgerissenen Augen, wie abgefressen alle Wiesen sind, wie leer die Äste. Wie es überall hohl ist. Und vor Schrecken fliegen sie dann so weit und so hoch, daß sie irgendwo doch noch ein – schon ganz durchsichtiges – Blau oder Grün erwischen. Wie wir es in Wahrheit doch alle immer wieder tun, denn sonst lebten wir nicht. Das Nur-Negative ist eine Attitüde.«

Soweit Hilde Domin in einem Absatz, den man ein Prosagedicht nennen könnte. Das Vertrauen überzeugt eher im Gedicht als in der Prosa, vielleicht weil das Gedicht einen träumerischen, keinen politischen oder realistischen Zustand beglaubigt, so sehr der erstere auch vom letzteren abhängen mag. Ein Beispiel:

Unsere Kissen sind naß
von den Tränen
verstörter Träume.

Aber wieder steigt
aus unseren leeren

hilflosen Händen
die Taube auf.

Diese Taube ist Noahs, nicht Kafkas Taube, die er nach der großen Sintflut aussendet; eine Metapher vom Vogel, der das Land wiederfindet, ein Bild der zurückgekehrten jüdischen Dichterin.

Ruth Klüger

EDITORISCHE NOTIZEN

Die vorliegende Gesamtausgabe der Gedichte Hilde Domins erscheint aus Anlaß des 100. Geburtstages der Lyrikerin am 27. Juli 2009. Anders als die 1987 von ihr selbst zusammengestellten *Gesammelten Gedichte* enthält diese Ausgabe sämtliche zu Lebzeiten veröffentlichten und darüber hinaus eine Auswahl ihrer bislang unveröffentlichten Gedichte. Ermöglicht wurde dies durch den Umstand, daß sich Domins Nachlaß seit 2006 im Deutschen Literaturarchiv Marbach befindet, wo er derzeit erschlossen wird.

Diese Ausgabe versteht sich als Leseausgabe. Die Gedichte werden in der Chronologie der von Hilde Domin publizierten Lyrikbände präsentiert. Bei Gedichten, die unverändert in mehrere Sammlungen aufgenommen wurden – was bei Domin nicht selten der Fall ist –, wird nur ihr Erscheinen in der jeweils ersten Sammlung berücksichtigt. Rechtschreibung und Zeichensetzung orientieren sich dabei – mit wenigen Ausnahmen – an der letzten Fassung. Später hinzugefügte Widmungen, Titelzusätze oder Titel für ursprünglich unbetitelte Gedichte wurden stets berücksichtigt und im Anmerkungsteil entsprechend kommentiert. Gedichte, bei denen die verschiedenen Fassungen darüber hinaus voneinander abweichen, wurden in den unterschiedlichen Fassungen aufgenommen und/oder ebenfalls kommentiert.

Den Sammlungen folgen Einzelpublikationen von Gedichten, die Domin in keinen ihrer Lyrikbände aufgenommen hat. Den Abschluß bildet die Auswahl der bislang unveröffentlichten Gedichte aus dem Nachlaß.

In der Fülle der hinterlassenen Papiere – Hilde Domins Nachlaß umfaßt insgesamt etwa 200 Archivkästen – fanden sich zahlreiche unbekannte Gedichte, Varianten und Gedichtfragmente. Viele von diesen hat die Lyrikerin mit gutem Grund der Öffentlichkeit vorenthalten: manche bleiben deutlich hinter der Qualität des Gesamtwerkes zurück, bei anderen handelt es sich um Gelegenheitsgedichte, bei wieder anderen um flüchtig hingeworfene Gedanken, die nicht weiter ausgeführt wurden. Für die Auswahl der nun erstmals veröffentlichten Gedichte haben wir uns von folgenden Fragen leiten lassen: Reichen sie an die Qualität der zu Lebzeiten von Hilde Domin veröffentlichten Gedichte heran? Bieten sie interessante Einblicke in Leben und Arbeitsweise der Autorin? Oder: Geben sie möglicherweise neue Impulse für die (wissenschaftliche) Auseinandersetzung mit Domins Werk?

Wir haben uns für 23 Gedichte entschieden, die wir auf drei Abteilungen verteilt haben. Den Auftakt macht das unbetitelte Gedicht *Ich armer Hasenkopf …*: ›nur‹ ein Gelegenheitsgedicht und trotzdem ein aufschlußreicher Fund, widerspricht er doch möglicherweise Hilde Domins Selbstaussage, das Dichten sei – ausgelöst durch den Tod ihrer Mutter im Herbst 1951 – ungefragt und plötzlich über sie gekommen. Denn in dem 1949 als Geburtstagsgeschenk für ihren Mann entstandenen Gedicht scheint Domin bereits weitere Gedichte anzukündigen: »noch mehr Papier wird Dein«. Es folgen zwei weitere frühe, an den Ehemann gerichtete Gedichte. Alle drei Gedichte der ersten Abteilung erscheinen zeitgleich mit dieser Ausgabe auch in der Briefedition *Die Liebe im Exil. Briefe an Erwin Walter Palm aus den Jahren 1931–1959*, hg. von Jan Bürger und Frank Druffner, Frankfurt am Main: S. Fischer 2009.

Einer zweiten Abteilung mit Gedichten aus unterschiedlichen Phasen und zu unterschiedlichen Themen schließt sich eine dritte und letzte Abteilung an mit Gedichten, die unter dem Eindruck der Krankheit und des Todes von Hilde Domins Ehemann Erwin Walter Palm (1910–1988) zwischen 1986 und 1989 entstanden sind.

Die in dieser Ausgabe gezeigten Abbildungen basieren auf Manuskripten bzw. einem Typoskript aus dem Nachlaß Hilde Domins. Bei der Handschrift *Ich armer Hasenkopf* ... (S. 288) handelt es sich um das einzige Exemplar und somit um die Vorlage des in diese Ausgabe aufgenommenen Gedichtes. Auch das abgebildete Manuskript *Alle meine Schiffe* (S. 146) entspricht der Druckfassung; alle anderen – *Nur eine Rose als Stütze* (S. 8), *Mit leichtem Gepäck* (S. 72), *Das Gefieder der Sprache* (S. 112), *Linke Kopfhälfte* (S. 154), *Brennende Stadt* (S. 200) und *Appell* (S. 254) – weisen kleinere oder größere Abweichungen vom Druck auf und sprechen so zusammen mit zahlreichen Streichungen und Ergänzungen von der Arbeitsweise der Dichterin. Besonders gefreut haben wir uns über einen Fund, die frühe Fassung eines der bekanntesten Gedichte Domins: *Nur eine Rose als Stütze*.

NUR EINE ROSE ALS STÜTZE 1959

Der Gedichtband *Nur eine Rose als Stütze* erschien 1959 im S. Fischer Verlag in Frankfurt am Main. Die zwei Abteilungen – *Aufbruch ohne Gewicht* und *Nur eine Rose als Stütze* – enthalten überwiegend Gedichte, die in den Jahren 1953 bis 1958 in den USA, Spanien und Deutschland verfaßt wurden. Vereinzelt waren sie bereits zuvor in Zeitschriften erschienen.

Ich lade dich ein: Das Gedicht erschien wie hier abgedruckt erstmals in *Nur eine Rose als Stütze.* Für die *Gesammelten Gedichte* überarbeitete Domin es: aus der »Kautschukmatratze« von 1959 wurde 1987 eine »Latexmatratze«.

Wen es trifft: Das 1953 entstandene Gedicht gehört zu Domins wichtigsten Arbeiten. Erstmals publiziert wurde es 1957 in der *Neuen Rundschau* (vgl. Einzelveröffentlichungen). Für den Abdruck in *Nur eine Rose als Stütze* zwei Jahre später strich die Autorin die ersten beiden Strophen. Noch für spätere Ausgaben ihres ersten Gedichtbandes überarbeitete Domin das Gedicht, das sie schließlich in der so stark vom Erstdruck abweichenden Fassung in die *Gesammelten Gedichte* von 1987 aufnahm. In der vorliegenden Ausgabe finden sich alle drei Fassungen.

RÜCKKEHR DER SCHIFFE 1962

Rückkehr der Schiffe ist Hilde Domins zweiter Gedichtband. Er erschien 1962 im S. Fischer Verlag in Frankfurt am Main. Die zwei Abteilungen – *Rückkehr der Schiffe* und *Lieder zur Ermutigung* – enthalten Gedichte aus den Jahren 1958 bis 1961, von denen die meisten in Spanien und Deutschland entstanden sind. Ein Großteil erschien bereits früher in Zeitungen und Zeitschriften.

Jenseits des Bergs: Während es in der Erstveröffentlichung in *Rückkehr der Schiffe* in der elften Zeile der ersten Strophe »am anderen Abhang« heißt, lautet die entsprechende Zeile in den *Gesammelten Gedichten* von 1987 »am andern Abhang«.

Abzählen der Regentropfenschnur: Für den Neuabdruck

in den *Gesammelten Gedichten* strich Domin die letzten zwei Zeilen des Gedichtes. In der ursprünglichen Fassung endet das Gedicht mit folgenden Zeilen: »Ich sitze auf meinem Berg. / Ich habe nichts.«

Fesselballon: In den *Gesammelten Gedichten* wurde die dritte bzw. letzte Zeile der siebten Strophe zur ersten Zeile der achten Strophe. Das ursprünglich aus acht jeweils dreizeiligen Strophen bestehende Gedicht endet in der späteren Fassung also mit einer zwei- und einer vierzeiligen Strophe. Für diese Ausgabe wurde die erste Fassung zugrunde gelegt.

HIER 1964

Hilde Domins dritter Gedichtband *Hier* erschien 1964 im S. Fischer Verlag in Frankfurt am Main. Die nicht weiter unterteilte Sammlung enthält Gedichte, die überwiegend in den Jahren 1963 und 1964 in Heidelberg entstanden sind. Bis auf einige Ausnahmen handelt es sich um Erstveröffentlichungen.

Exil: Das Gedicht erschien zunächst ohne Widmung in der Sammlung *Hier*; erst in den *Gesammelten Gedichten* von 1987 ergänzte Domin es um den Zusatz »meinem Vater«.

Kalender: Das unter dem Titel *Kalender* in *Hier* veröffentlichte Gedicht wurde in den *Gesammelten Gedichten* zum zweiten Teil eines gleichnamigen dreiteiligen Gedichtes. In ihrem letzten Gedichtband *Der Baum blüht trotzdem* von 1999 nahm Domin das Gedicht wieder auf: *Kalender* besteht dort allerdings nur noch aus dem ersten und zweiten Teil der in den *Gesammelten Gedichten* abgedruckten dreiteiligen Fassung. In der vorliegenden Ausgabe finden sich alle drei Fassungen.

HÖHLENBILDER 1968

Höhlenbilder erschien 1968 als limitierte Vorzugsausgabe im Guido Hildebrandt Verlag in Duisburg. Neben 13 Gedichten Hilde Domins aus den Jahren 1951 bis 1952 enthält der Zyklus drei Ätzungen und eine Titelätzung von Heinz Mack. Die 100 Exemplare wurden von Autorin und Künstler signiert. Bei der Sammlung handelt es sich um eine Auswahl der frühesten, noch in Santo Domingo entstandenen Gedichte, die – mit Ausnahme des Gedichtes *Du sprachst vom Schiffe-Verbrennen …*, das sich bereits unter dem Titel *Makabrer Wettlauf* in *Nur eine Rose als Stütze* findet – hier erstmals publiziert wurden. Bis auf *In der Höhle meiner Angst …* und *Kreisel …* versah Domin die ursprünglich unbetitelten *Höhlenbilder*-Gedichte später mit Titeln und nahm sie so in ihre *Gesammelten Gedichte* auf.

ICH WILL DICH 1970/1995

Die Sammlung *Ich will dich* erschien 1970 im R. Piper & Co. Verlag in München. Die Erstausgabe ist in zwei Abteilungen gegliedert und enthält überwiegend in Heidelberg entstandene und bis dahin unveröffentlichte Gedichte aus den Jahren 1965 bis 1969.

Der erweiterten Taschenbuchausgabe von 1995, erschienen nun wieder im S. Fischer Verlag in Frankfurt am Main, fügte Hilde Domin einen dritten Teil hinzu mit Gedichten, die sie vor allem in den 1970er und 1980er Jahren in Heidelberg verfaßt hatte. Fast alle Gedichte dieser dritten Abteilung wurden zuvor in Zeitungen und Zeitschriften bzw. das Gedicht *Nächtliche Orientierung* in der Sammlung *Hier* veröffentlicht. Mit Ausnahme von *Jahrtausende, Der übernächste Krieg* und *Antwort* finden sich die Gedichte aus Abteilung III außerdem in der schon 1987 publizierten Ausgabe *Gesammelte Gedichte.*

Die Gedichte der Sammlung *Ich will dich* von 1970 kommen ohne Punkt und Komma aus; Domin verwandte lediglich Anführungszeichen, Gedankenstriche, Doppelpunkte und Klammern. Den Verzicht auf Satzzeichen kommentiert sie in dem in der Sammlung enthaltenen Gedicht *Zur Interpunktion*: »meine Worte«, heißt es dort, fürchten »ein einfaches Komma / eingesperrt zwischen Satzzeichen.«

Ich will dich: Sowohl in der Erstausgabe als auch in der späteren Taschenbuchausgabe der Sammlung *Ich will dich* sind die erste bis vierte Zeile der zweiten Strophe in Klammern gesetzt. In der von Otto F. Best herausgegebenen *Hommage für Peter Huchel* (München: R. Piper 1968), in der das Gedicht erstmals veröffentlicht wurde, sind die Klammern bereits vorhanden, außerdem sind hier die vierte und fünfte Zeile der fünften Strophe ebenfalls in Klammern gefaßt. In den *Gesammelten Gedichten* von 1987 fehlen sämtliche Klammern.

Drei Arten Gedichte aufzuschreiben: Der dritte Teil des dreiteiligen Gedichtes erschien erstmals unter dem Titel *Postulat* in der *Frankfurter Allgemeinen Zeitung* vom 11. Juni 1968.

Graue Zeiten: Graue Zeiten erschien ursprünglich mit dem Untertitel *Deutsche National- und Soldatenzeitung, Auflage 95 000* am 20. Juni 1966 in der Zeitschrift *Die Zeit.* Der Untertitel fiel sowohl für den Abdruck in *Ich will dich* als auch in den *Gesammelten Gedichten* weg. Für letztere Ausgabe überarbeitete Domin den ersten des aus vier Teilen bestehenden Gedichtes. In der vorliegenden Ausgabe finden sich beide Fassungen.

Sisyphus: Ursprünglich erschien das Gedicht unter dem Titel *Sisyphus 1967 –*. Für den Abdruck in den *Gesammelten Gedichten* strich Domin Jahreszahl und Gedankenstrich.

Nach dem Fernsehbericht: Napalm-Lazarett: In *Ich will dich* noch als einzelnes Gedicht veröffentlicht, wurde das nun mit *Napalm-Lazarett* überschriebene Gedicht in den *Gesammelten Gedichten* zum ersten von zwei Teilen der *Fernsehgedichte.*

Abel steh auf: Domin bezeichnete *Abel steh auf* als eines ihrer wichtigsten Gedichte. Lesungen beendete sie oft mit diesem. Die *Gesammelten Gedichte* schließen dementsprechend mit *Abel steh auf.*

Jahrtausende: Das in *Ich will dich* noch unbetitelte Gedicht erschien erst in *Der Baum blüht trotzdem* von 1999 unter dem Titel *Jahrtausende.*

Bitte: Das Gedicht gehört zu Domins frühesten Veröffentlichungen. Er erschien erstmals 1955 in der Zeitschrift *Hochland,* wurde 1987 in die *Gesammelten Gedichte* und in veränderter Form – nämlich nach Tilgung aller Satzzeichen – in die erweiterte Taschenbuchausgabe von *Ich will dich* und in *Der Baum blüht trotzdem* aufgenommen.

Überfahrt: Bei der Erstveröffentlichung in den *Gesammelten Gedichten* erschien das Gedicht noch ohne Widmung. Erst für die erweiterte Ausgabe von *Ich will dich* und die Sammlung *Der Baum blüht trotzdem* fügte Domin den Zusatz »Meiner Mutter« hinzu.

Der übernächste Krieg: Das Gedicht erschien ein Jahr nach der Veröffentlichung in der erweiterten Taschenbuchausgabe von *Ich will dich* unter dem abweichenden Titel *Ohne Arme* in der *Frankfurter Allgemeinen Zeitung* (21. Oktober 1996). Für den Abdruck in *Der Baum blüht trotzdem* wählte Domin wieder den ursprünglichen Titel.

Tokaidoexpreß: Die Widmung an die Verlegerin der S. Fischer Verlage, Monika Schoeller, findet sich erst ab der Veröffentlichung in der erweiterten Ausgabe von *Ich will dich* und der Sammlung *Der Baum blüht trotzdem.* Der Abdruck in den *Gesammelten Gedichten* erschien ohne den Zusatz.

Es gibt dich: Das Gedicht erschien erstmals in den *Gesammelten Gedichten* von 1987. Für den Abdruck in der erweiterten Taschenbuchausgabe von *Ich will dich* strich Domin einige, für die Aufnahme in *Der Baum blüht trotzdem* sämtliche Satzzeichen.

Antwort: Das in der Sammlung *Ich will dich* noch unbetitelte Gedicht erschien 1999 in *Der Baum blüht trotzdem* unter dem Titel *Antwort.*

GESAMMELTE GEDICHTE 1987

Die von Domin selbst zusammengestellte Ausgabe *Gesammelte Gedichte* erschien 1987 im S. Fischer Verlag in Frankfurt am Main. Anders als der Titel vermuten läßt, handelt es sich nicht um eine Gesamtausgabe aller ihrer Gedichte im herkömmlichen Sinne; vielmehr ordnete Domin bereits veröffentlichte Gedichte neu an und ergänzte sie mit bislang unveröffentlichten Arbeiten. Es entstanden neun Abteilungen, deren Titel und Zusammensetzung sich nur teilweise an den früheren Sammlungen orientiert: *Apfelbaum und Olive*, *Das Verbrennen der Schiffe*, *Wen es trifft*, *Nur eine Rose als Stütze*, *Gewöhn dich nicht*, *Lieder zur Ermutigung*, *Was für ein Zeichen mache ich über die Tür*, *Augenturm* und *Die Haut des Planeten*. In der vorliegenden Ausgabe wurde auf diese Einteilung verzichtet. Der Anordnung der Gedichte legte Domin einerseits die Chronologie ihrer Entstehung zugrunde, andererseits die Bedeutung, die sie einzelnen Gedichten zuwies. So bildet *Abel steh auf* – entstanden bereits 1969 – den Abschluß des letzten Teils *Die Haut des Planeten*. In einem Brief Domins an Luise Rinser vom 17. Februar 1986 heißt es: »Ich habe die Sammlungen jeweils umgeordnet aber doch als Koordinaten benutzt. Ich habe dazwischen geschoben, mich nicht strikt an die Chronologie sondern an die Atmosphäre gehalten.« (Aus dem Nachlaß Luise Rinsers im Deutschen Literaturarchiv Marbach.)

Den Abteilungen eigener Gedichte folgt eine Reihe von Übertragungen fremder Gedichte aus dem Englischen, Französischen, Spanischen und Italienischen. Diese wurden in der vorliegenden Ausgabe nicht berücksichtigt. Eine Ausnahme bildet das Gedicht *Für Vicente Aleixandre*, bei dem es sich um die Rückübersetzung eines eigenen, von Domin ursprünglich auf Spanisch verfaßten Gedichtes handelt.

Die *Gesammelten Gedichte* enthalten sämtliche, teilweise überarbeiteten Gedichte aus *Nur eine Rose als Stütze*, *Rückkehr der Schiffe*, *Hier* und der ersten Ausgabe von *Ich will dich*, einzelne Gedichte aus *Höhlenbilder* sowie einen Großteil der später in die erweiterte Ausgabe von *Ich will dich* und in die Sammlung *Der Baum blüht trotzdem* aufgenommenen Gedichte.

Magie (Wen es trifft – Erster Teil): Das Gedicht erschien – obwohl in Entwürfen anders konzipiert – ohne den Titelzusatz *Wen es trifft – Erster Teil.* Erst für den Abdruck in *Der Baum blüht trotzdem* fügte Domin den Zusatz wieder hinzu.

Kalender: Der erste Teil des dreiteiligen Gedichtes wurde bereits unter dem Titel *Kalender* in der Sammlung *Hier* veröffentlicht. In *Der Baum blüht trotzdem* von 1999 erscheint das Gedicht noch einmal: *Kalender* besteht dort allerdings nur noch aus dem ersten und zweiten Teil der in den *Gesammelten Gedichten* abgedruckten dreiteiligen Fassung.

Graue Zeiten: Für den erneuten Abdruck in den *Gesammelten Gedichten* überarbeitete Domin den ersten Teil des aus vier Teilen bestehenden und bereits in der Sammlung *Ich will dich* erschienenen Gedichtes. Die Anordnung der vier Teile wurde hingegen beibehalten.

Fernsehgedichte: Das erste der beiden *Fernsehgedichte* wurde bereits 1970 unter dem Titel *Nach dem Fernsehbericht: Napalm-Lazarett* in der Sammlung *Ich will dich* veröffentlicht.

Für Vicente Aleixandre: Bei diesem Gedicht handelt es sich um eine Rückübersetzung aus dem Spanischen. In den *Gesammelten Gedichten* erschien nur die deutsche Fassung. Ob, und wenn ja, wo die spanische Version gedruckt wurde, ist nicht bekannt; im Nachlaß finden sich jedoch mehrere Typoskripte mit dem spanischen Original.

DER BAUM BLÜHT TROTZDEM 1999

Hilde Domins letzte, aus zwei Abteilungen bestehende Lyriksammlung *Der Baum blüht trotzdem* erschien 1999 im S. Fischer Verlag in Frankfurt am Main. Bei den unter der ersten Abteilung versammelten Gedichten handelt es sich um Arbeiten aus allen Schaffensperioden Domins, die teilweise zuvor in Zeitungen, Zeitschriften u. ä. publiziert wurden. Sämtliche Gedichte der zweiten Abteilung finden sich bereits in *Ich will dich* oder den *Gesammelten Gedichten*, wobei die Fassung des Gedichtes *Kalender* von der 1987 erschienenen abweicht.

Wahl: Die letzten fünf (von sechs) Zeilen der letzten Strophe des sechsstrophigen Gedichts entsprechen dem bereits in *Hier* publizierten Gedicht *Nicht müde werden*.

Kalender: Das in *Der Baum blüht trotzdem* aufgenommene Gedicht *Kalender* entspricht dem ersten und zweiten Teil des in den *Gesammelten Gedichten* abgedruckten gleichnamigen dreiteiligen Gedichtes. Der erste Teil wurde bereits in der Sammlung *Hier* ebenfalls unter dem Titel *Kalender* veröffentlicht.

EINZELVERÖFFENTLICHUNGEN

Domin nahm fast alle ihre Gedichte, die zunächst in Zeitschriften und Zeitungen erschienen waren, später in ihre Sammlungen auf. Bei den hier abgedruckten Gedichten handelt es sich um die wenigen Ausnahmen bzw. im Fall des Gedichtes *Wen es trifft* um eine von späteren Fassungen abweichende Variante.

Wen es trifft: Das Gedicht erschien 1957 in der *Neuen*

Rundschau, 68. Jg., Heft 3. Vom Erstdruck abweichende Fassungen finden sich in den Sammlungen *Nur eine Rose als Stütze* (1959) und *Gesammelte Gedichte* (1987). In der vorliegenden Ausgabe finden sich alle drei Fassungen.

Liebe: Mit Zustimmung der Autorin veröffentlichte Michael Braun das Gedicht aus dem Walter-Höllerer-Bestand des Literaturarchivs Sulzbach-Rosenberg in seiner Dissertation *Exil und Engagement. Untersuchungen zur Poetik Hilde Domins* (Frankfurt am Main: Peter Lang 1993).

Weihnachtsbotschaft: Das Gedicht erschien 2003 in der von Brigitta Rambeck herausgegebenen Anthologie *Weihnachtsüberraschungen. Besinnliches und Hintersinniges zum Advent* (München: Deutscher Taschenbuch Verlag 2003).

Die verlierbaren Lebenden ...: Es handelt sich hier um den Auszug aus einem Gedicht, das Domin für ihre Mitarbeiterin und Freundin Marion Tauschwitz verfaßte. Tauschwitz veröffentlichte die um die letzten, einen persönlichen Glückwunsch enthaltenden Zeilen gekürzte Fassung als Faksimile auf der Todesanzeige für Domin. Diese erschien u. a. in der *Frankfurter Allgemeinen Zeitung* vom 1. April 2006. Für die vorliegende Ausgabe wurde das Gedicht betitelt. Domin starb am 22. Februar 2006 in Heidelberg.

Take a trip ... und *Mach mal Pause ...:* Unter der Rubrik »hilde domin wirbt für lyrik« erschienen die beiden Gedichte 1971 in dem von Dieter Hülsmanns und Friedolin Reske zusammengestellten Buch *Aller Lüste Anfang. Das 7. Buch der Werbung* (Stierstadt i. Ts: Eremiten-Presse 1971). Domin nahm sie außerdem 1988 in den Band zu ihren Frankfurter Poetikvorlesungen *Das*

Gedicht als Augenblick von Freiheit (München: R. Piper 1988) auf.

GEDICHTE AUS DEM NACHLASS

Die hier veröffentlichte Auswahl von Gedichten ist nur ein kleiner Ausschnitt der zahlreichen unveröffentlichten Gedichte und Gedichtfragmente aus dem Nachlaß Hilde Domins im Deutschen Literaturarchiv Marbach.

Ich armer Hasenkopf ...: Bei dem unbetitelten Gedicht handelt es sich um das erste nachweisbar von Domin stammende Gedicht – ein Gelegenheitsgedicht zum Geburtstag ihres Mannes Erwin Walter Palm, verfaßt am 27. August 1949, also deutlich vor dem Jahr 1951, das Domin als das Jahr ihrer »Geburt als Dichterin« angibt. *Hasenkopf* bezieht sich – wie auch der *Affenkopf* in der Widmung – auf die Kosenamen, die das Ehepaar Palm sich gab: er nannte sie Hase resp. Häschen, sie ihn Affe, Äffchen oder auch Affenkopf.

Hilfloses SOS nach Deinem Geburtstag und *Dem Geliebten zum 27. August 1953:* Beide Gedichte fanden sich in Briefen an Erwin Walter Palm. Von *Hilfloses SOS nach Deinem Geburtstag* existieren darüber hinaus etliche weitere Manuskripte; jeweils ohne den auf Palms Geburtstag bezugnehmenden Titel, was darauf hindeutet, daß Domin eine Publikation in Betracht zog.

Die hellen Schatten: Im Typoskript ohne Titel.

Französischer Gobelin: Das Gedicht trägt den gleichen Titel wie ein in den *Gesammelten Gedichten* von 1987 veröffentlichtes Gedicht. Die Verwendung ähnlicher Motive könnte darauf hinweisen, daß es sich hier um eine frühere Fassung handelt. In der vorliegenden Ausgabe finden sich beide Fassungen.

Mischievious Mood: Bei der Überschrift unterlief Domin vermutlich ein Fehler. Korrekt müßte es *Mischievous Mood* heißen.

Morgengebet am 1. des Jahres: Domin plante, dieses Gedicht in ihre *Gesammelten Gedichte* aufzunehmen. In den Korrekturabzügen ist es noch ein Teil der Sammlung, wird später aber – offensichtlich von Domin selbst – gestrichen.

Sterbender Freund: Die Widmung bezieht sich auf den Sozialwissenschaftler und Ökonom Alexander Rüstow, der am 30. Juni 1963 in Heidelberg starb.

Meine Tage meine Nächte …, *Nur das Leben …* und *Deine Zunge in meinem Mund …:* Die drei Gedichte stammen aus einem von Domin zusammengestellten Konvolut von Gedichten, die sich mit der Krankheit und dem Tod von Domins Ehemann Erwin Walter Palm auseinandersetzen. Palm starb am 7. Juli 1988 in Heidelberg.

Nikola Herweg

ALPHABETISCHES VERZEICHNIS DER GEDICHTTITEL

ALPHABETISCHES VERZEICHNIS DER GEDICHTANFÄNGE